BAKUMAN.

17

Tsugumi **Ohba**

大場つぐみ

Takeshi **Obata**

小畑健

Tout pour le tout et histoire entière

Kana

J MAN. VOLUME 17

D   C   B   A

Eiji Niizuma

Un jeune dessinateur de génie qui a décroché le prix Tezuka des jeunes auteurs à 15 ans seulement. Il a une série en cours dans le Jump qui marche très fort.

23 ans

Kaya Miyoshi

Amie de Miho et petite amie de Shûjin. Elle agit activement pour maintenir une bonne relation entre Saikô et Azuki. Fondamentalement, c'est une gentille fille.

23 ans

Akito Takagi

Surnommé Shûjin. Scénariste de mangas. Un surdoué, parmi les premiers de la classe. Garde toujours son sang-froid sauf lorsqu'on lui parle de mangas.

22 ans

Miho Azuki

Rêve de devenir doubleuse. Elle a accepté la proposition de Moritaka à une condition : "On ne se reverra plus tant qu'on n'aura pas réalisé nos rêves."

22 ans

Moritaka Mashiro

Dessinateur de mangas. Un ultraromantique qui s'est lié par une promesse avec Azuki : "Si nos rêves se réalisent ensemble, marions-nous."

22 ans

* Les âges donnés sont ceux que les personnages avaient au mois d'octobre 2016.

Histoire

Deux garçons veulent devenir mangakas, une route très difficile qui peut leur apporter une gloire à laquelle seule une petite poignée de personnes a accès. Voici l'histoire de Moritaka Mashiro, très doué pour le dessin, et d'Akito Takagi, doté d'aptitudes supérieures pour l'écriture, qui vont créer une nouvelle légende dans le monde des mangas !!

BAKU

La rédaction du Weekly Shônen Jump

1 Directeur édito Sasaki
2 Directeur adjoint Heishi
3 Sôichi Aida
4 Yûjirô Hattori
5 Akira Hattori
6 Kôji Yoshida
7 Gorô Miura
8 Masakazu Yamahisa
9 Kosugi

La bande d'auteurs et d'assistants

A Shinta Fukuda
B Kô Aoki
C Aiko Iwase
D Kazuya Hiramaru
E Ryû Shizuka
F Natsumi Katô
G Yasuoka
H Shôyô Takahama

I Takurô Nakai
J Shûichi Moriya
K Shun Shiratori
L Ichiriki Orihara
M Tôru Nanamine
N Mikihiko Azuma

PAPA, J'AI TROUVÉ CE QUE JE VOULAIS FAIRE.

HUIT MOIS PLUS TÔT...

LES MANGAS ?

JE NE PEUX PAS M'ARRÊTER COMME ÇA... JE VEUX ÊTRE LE DESSINATEUR NUMÉRO UN DU JUMP.

MON TRUC, C'EST LES MANGAS...

J'AI TOUJOURS PENSÉ QUE ÇA VALAIT MIEUX QUE TOUS CES PETITS BOULOTS PRÉCAIRES QUI FOISONNENT DANS LA SOCIÉTÉ ACTUELLE.

LES MANGAS... OUI...

BON... NUMÉRO UN... C'EST BIEN. IL FAUT TOUJOURS ESSAYER D'ÊTRE LE MEILLEUR DANS CE QU'ON FAIT.

Page 143 Argent et recyclage

JE VEUX ÊTRE NUMÉRO UN... JE VEUX LES BATTRE... ET JE SUIS PRÊT À TOUT POUR ÇA...

HUM... TU ÉTAIS RÉVOLTÉ CONTRE MOI, TU AS QUITTÉ LE LYCÉE, TU VIVAIS DE PETITS BOULOTS... JE NE PENSAIS PAS QUE TU ME DEMANDERAIS UN JOUR DE L'ARGENT...

ET DONC J'AURAIS BESOIN D'ARGENT POUR ÇA...

EN QUOI CELA EST-IL GÊNANT ? CE SONT DES DESSINATEURS QUI S'ACCROCHENT. C'EST UNE BELLE PREUVE DE MOTIVATION ET DE PERSÉVÉRANCE.

LA RÉDACTION FERAIT MIEUX DE PUBLIER DE JEUNES AUTEURS.

... ET TROIS HISTOIRES COMPLÈTES DESSINÉES PAR DES VÉTÉRANS...

"PANCHIRA FIGHT" PUBLIÉ EN MINISÉRIE...

AH... DÉSO-LÉ...

!

D'AILLEURS, TON ONCLE EN AVAIT FAIT L'AMÈRE EXPÉRIENCE, LUI AUSSI...

PEUT-ÊTRE, MAIS JE DOUTE QUE LA MOTIVATION ET LA PERSÉVÉRANCE SUFFISENT À COMBLER LE FOSSÉ QUI LES SÉPARE DES JEUNES...

NE LE SOIS PAS... IL N'A PAS RÉUSSI À REVENIR SUR LE DEVANT DE LA SCÈNE, C'EST UN FAIT.

... J'AI D'AUTANT PLUS ENVIE D'ENCOURAGER LES DESSINATEURS COMME AZUMA-SENSEI.

DU COUP, PERSONNEL-LEMENT...

CEPENDANT, JE TROUVE BIZARRE QUE LA RÉDACTION MISE SUR EUX À CE POINT.

CERTES, DES AUTEURS TOMBÉS DANS L'OUBLI QUI FERAIENT UN COME-BACK RÉUSSI DANS LE JUMP ET CONNAÎTRAIENT LE SUCCÈS, J'AIMERAIS BIEN VOIR ÇA.

...

OUI, D'ACCORD, MAIS LA RÉDACTION A DONNÉ SA CHANCE À AZUMA-SENSEI. ELLE NE PEUT DONC PAS REFUSER D'EN FAIRE AUTANT POUR LES AUTRES VÉTÉRANS S'ILS VIENNENT AVEC UN BON MANGA.

PASSE ENCORE POUR ARAI-SENSEI QUI A UNE LONGUE CARRIÈRE DANS LE JUMP, MAIS À PART LUI...

... DE LÀ À PUBLIER AUSSI TROIS HISTOIRES COMPLÈTES D'AUTEURS ÂGÉS...

"PANCHIRA FIGHT" A FAIT SES PREUVES, ET JE COMPRENDS QU'IL SOIT PUBLIÉ EN MINISÉRIE, MAIS...

* PANCHIRA FIGHT / HISTOIRE COMPLÈTE 45 P.

AH... JE CONFIRME : C'EST DÉGUEULASSE DE LE DIRE COMME ÇA...

C'EST PEUT-ÊTRE DÉGUEULASSE DE LE DIRE COMME ÇA, MAIS LE JUMP N'A PAS BESOIN DE VIEUX AUTEURS QUI N'ONT RIEN FAIT DE PROBANT JUSQU'À PRÉSENT !

LE CAS D'AZUMA-SENSEI DOIT RESTER UNE EXCEPTION ! SI CELA PRIVE LES JEUNES D'OPPORTUNITÉS, ÇA NE VA PAS !

TAC

BAM

BIEN PARLÉ... AU TRAVAIL...

POURQUOI DEVRAIT-ON SE DISPUTER À CAUSE DE ÇA ? QUAND M. HATTORI VIENDRA, ON L'INTERROGERA SUR LA POLITIQUE DE LA RÉDACTION...

...

GRRRR

ICI, LA CONCURRENCE EST RUDE ! QUAND ON A ESSUYÉ PLUSIEURS ÉCHECS, ON N'A PLUS SA PLACE DANS LE JUMP ! C'EST COMME ÇA !

3□... TAC

LE DIRECTEUR ÉDITO LUI-MÊME L'A DIT !

LÀ, TU TE TROMPES ! MÊME SI LE CONTRAT ARRIVE À SON TERME, TANT QUE L'AUTEUR DESSINE UN BON MANGA, IL EST TOUJOURS LE BIENVENU DANS LE JUMP !

"CROW" EST TERMINÉ, MAIS JE SUIS TOUJOURS TON ÉDITEUR. ON M'A DEMANDÉ DE TE FAIRE TRAVAILLER LE PLUS VITE POSSIBLE SUR TON PROCHAIN MANGA. ALORS, OFFICIELLEMENT, JE SUIS LÀ POUR EN PARLER AVEC TOI.

PAR-DON...?

YÛJIRÔ, QUE VENEZ-VOUS FAIRE ICI ?

NIIZUMA

SARL ENI

CRAT
CRAT

VOUS N'ÊTES PAS OBLIGÉ D'ATTENDRE... VOUS POUVEZ AUSSI ME PROPOSER UNE SUPERIDÉE POUR UN SUPERMANGA...

OUI, EN EFFET... SI TU VEUX ÊTRE NUMÉRO UN MONDIAL... JE VAIS ATTENDRE QUE TU TROUVES LE MANGA QUI TE PLAÎT...

CRAT
CRAT

JE N'AIME PAS LA CHIMIE, ALORS, JE N'AI PAS ENVIE DE FAIRE "GENSO KIGÔ", ET CE N'EST PAS AVEC DES CAFARDS QUE J'ARRIVERAI À AVOIR UNE CARRIÈRE INTERNATIONALE.

JE PENSE QUE LES LECTEURS TE SUIVRAIENT AUSSI BIEN AVEC "GENSO KIGÔ" QU'AVEC "SPACE KOKKURICCHI"...

CRAT
CRAT

"PANCHIRA FIGHT".

OUI, PROBABLEMENT... DANS CE CAS, SI TU ME DISAIS PLUTÔT QUEL MANGA DE BASTON T'A PLU RÉCEMMENT ?

BAM

JE PENSE QUE TOUS LES ANIMAUX ET LES INSECTES ONT DÉJÀ INSPIRÉ DE NOMBREUX MANGAKAS QUI EN ONT FAIT DES HISTOIRES DE SUPERHÉROS...

... "CROW", C'EST DÉJÀ UNE SORTE DE CORBEAUMAN...

J'AI D'ABORD PENSÉ À UNE HISTOIRE DE SUPERHÉROS BASÉE SUR UN ANIMAL OU UN INSECTE, EN AJOUTANT UN "MAN", COMME POUR "SPIDERMAN" OU "BATMAN", MAIS...

JE VAIS FAIRE DE MON MIEUX, MAIS, EN MATIÈRE DE MANGA, JE CROIS QUE TU ME BATS DANS TOUS LES DOMAINES.

MAIS, DITES-MOI, QUI A ÉCRIT LE SCÉNARIO ?

SACRÉ NIIZUMA... CETTE HISTOIRE COMPLÈTE S'EST CLASSÉE NUMÉRO UN LOIN DEVANT LES AUTRES.

OUI. J'Y VOIS UN VRAI CHEF-D'ŒUVRE.

AH... TOI AUSSI, TU TROUVES ÇA BIEN ?

JE VOUS FÉLICITE D'AVOIR TROUVÉ L'HISTOIRE PARFAITE POUR AZUMA-SENSEI.

ARRÊTEZ DE MENTIR.

MAIS... PERSONNE : L'HISTOIRE EST SIGNÉE MIKIHIKO AZUMA.

...

...

... D'AZUMA-SENSEI.

CE QUI EST SÛR, C'EST QUE L'HISTOIRE N'EST PAS SORTIE DE LA TÊTE...

TU PENSES QU'IL Y A UN SCÉNARISTE ?

SI EIJI PENSE ÇA... ALORS...

ÊTRE PUBLIÉS DANS LE JUMP N'EST PAS DIFFICILE !!

HÉ !!

CEPENDANT, VOUS ÊTES SEIZE ICI, ET EN UNISSANT VOS TALENTS, VOUS POURRIEZ CRÉER DE MAGNIFIQUES MANGAS.

VOUS AVEZ TOUS PARTICIPÉ À DE NOMBREUX CONCOURS DE DESSINATEURS OU DE SCÉNARISTES, MAIS VOUS AVEZ ÉCHOUÉ DE TRÈS PEU. C'EST UNE EXPÉRIENCE AMÈRE.

AU LIEU DE VOUS LAISSER AUX MAINS D'ÉDITEURS INCOMPÉTENTS QUI TUERONT VOTRE TALENT, JE PRÉFÈRE QUE NOTRE SOCIÉTÉ VOUS AIDE À RÉUSSIR ET VOUS GARANTISSE LES RÉCOMPENSES QUE VOUS MÉRITEZ !

VOUS POUVEZ TRAVAILLER ICI COMME SCÉNARISTES DE L'OMBRE, OU ALORS AMÉLIORER VOTRE STYLE ET FAIRE VOS DÉBUTS DE DESSINATEURS AVEC LE SOUTIEN DE TOUS LES AUTRES !

M. MARUI N'A PAS DE GRANDS SUCCÈS À SON ACTIF, ET IL NE TRAVAILLAIT PLUS DEPUIS LONGTEMPS, MAIS C'EST UN DESSINATEUR TRÈS TALENTUEUX !

SUGAO MARUI, AUTREFOIS PUBLIÉ DANS LE "MONTHLY HUSTLE" S'EST ALIGNÉ SUR M. ARAI QUI VENAIT D'ÊTRE ÉCARTÉ DU JUMP : TOUS DEUX ONT SIGNÉ LEURS CONTRATS AVEC NOTRE SOCIÉTÉ À LAQUELLE ILS REVERSERONT 60 % DE LEURS REVENUS AU TITRE DU SCÉNARIO FOURNI.

FLAP

FAISONS MAINTENANT UN RETOUR SUR LES MANGAS QU'IL A DESSINÉS AFIN DE TROUVER L'HISTOIRE QUI CONVIENT LE MIEUX À SON STYLE.

ET IL A TOUT À FAIT RAISON.

"PLUTÔT QUE DE MOURIR SEUL, COMME UN MANGAKA RATÉ, JE PRÉFÈRE OPTER POUR UN MOYEN QUI M'OFFRE UNE CHANCE DE FAIRE UN GROS SUCCÈS, MÊME SI JE NE GARDERAI QUE 40 % DES SOMMES QUE L'ON ME PAYERA." VOILÀ CE QUE M'A DIT M. MARUI.

BROUHAHA !!

BROUHAHA !!

BROUHAHA !!

BROUHAHA

BROUHAHA !!

BROUHAHA

C'EST LE PARADIS, OUI !

... ET EN PLUS, ON EST PAYÉS... C'EST TROP COOL, ICI !

LECTURE DE MANGAS À VOLONTÉ, BOISSONS À VOLONTÉ...

"GAGNEZ DE L'ARGENT EN LISANT LES MANGAS QUE VOUS AIMEZ"... QUAND J'AI LU LE MAIL, J'AI CRU QUE C'ÉTAIT UNE BLAGUE, MAIS EN FAIT, C'EST MÊME MIEUX QUE ÇA.

JE COMPRENDS, MAIS EN FAIT, ON S'ENGAGE JUSTE À NE PAS PARLER DE CE QU'ON FAIT ICI.

... ÇA M'A UN PEU FICHU LA TROUILLE, MOI.

N'EMPÊCHE, LE "SERMENT ÉCRIT"...

OUI, PROBA-BLEMENT.

LE JUMP A UNE POLITIQUE FONDÉE SUR LES QUESTIONNAIRES DE POPULARITÉ. ILS ONT DONC COMMENCÉ PAR TESTER LE MANGA SUR NOUS, DES LYCÉENS... ON EST ENVIRON DEUX CENTS, C'EST ÇA ?

ET MOI DONC !

QUAND J'AI VU QUE "PANCHIRA FIGHT" ÉTAIT DANS LE JUMP, J'AI BIEN RIGOLÉ.

... C'EST DINGUE DE SE DIRE QU'ILS SONT DEVENUS UN VRAI MANGA QUI A ÉTÉ PUBLIÉ.

LES NEMUS QU'ON A ÉVALUÉS...

ON PEUT PASSER À NOTRE DISCUSSION SUR LE CHAPITRE SUIVANT ?

BON ! C'EST O.K. POUR LES PLANCHES.

VENDREDI 14 OCTOBRE...

MONSIEUR HATTORI...

AH... ÇA...

... POURQUOI N'Y A-T-IL QUE DES AUTEURS VÉTÉRANS ?

POUR LES HISTOIRES COMPLÈTES DE NOVEMBRE...

LE FAIT QUE "PANCHIRA FIGHT" D'AZUMA-SENSEI AIT FAIT PARLER DE LUI AVANT MÊME SA PUBLICATION EXPLIQUE PEUT-ÊTRE CELA, MAIS IL N'EMPÊCHE QU'IL Y EN A EU BEAUCOUP.

DEPUIS QUELQUE TEMPS, BEAUCOUP D'AUTEURS EXPÉRIMENTÉS, QUI N'ONT JAMAIS VRAIMENT EU DE SUCCÈS, VIENNENT NOUS MONTRER LEURS PLANCHES.

MAIS... POURQUOI NE PRENDRE QUE CES AUTEURS-LÀ QUI NE SONT PLUS TOUT JEUNES ?

ET CETTE FOIS, TROIS D'ENTRE EUX ONT ÉTÉ RETENUS...

JE NE VEUX PAS VOUS DONNER DE NOMS, MAIS IL Y EN A EU SEPT OU HUIT.

"BEAUCOUP" ? D'AUTRES AUTEURS QUE CEUX QUI ONT ÉTÉ RETENUS POUR DES HISTOIRES COMPLÈTES ?

16

DU COUP, IL SEMBLE QUE LA DÉCISION AIT ÉTÉ PRISE D'EN METTRE EXCEPTION-NELLEMENT TROIS D'UN COUP POUR CRÉER UN PETIT ÉVÉNEMENT...

NÉANMOINS, LEURS MANGAS SONT BONS, ET IL Y A UNE VRAIE VAGUE DE VÉTÉRANS.

OUI, C'EST LOGIQUE.

JE VOUS L'AVOUE : À LA RÉDACTION, NOMBREUX SONT CEUX QUI N'APPROUVENT PAS LE FAIT DE PUBLIER DES MANGAS D'AUTEURS VÉTÉRANS, PUISQUE NOTRE OBJECTIF EST DE FORMER DE JEUNES AUTEURS.

LA PREMIÈRE RAISON, C'EST ÉVIDEMMENT PARCE QUE LEURS MANGAS SONT BONS...

APPAREMMENT, EN FONCTION DES RÉSULTATS, IL POURRAIT PROCÉDER À DES AJUSTEMENTS.

LE RÉDACTEUR EN CHEF EST LUI-MÊME IMPATIENT DE VOIR CE QUE ÇA VA DONNER.

JE VOIS...

...

...

AVEC LES VÉTÉRANS, ÇA DÉMARRE TRÈS FORT, ET ÇA S'ESSOUFFLE ENSUITE RAPIDEMENT. ON VOIT CELA SOUVENT.

MOI AUSSI : SI LE MANGA S'ADRESSE BIEN AU PUBLIC DU JUMP, JE N'AI PAS D'OBJECTION.

À TITRE PERSONNEL, JE SUIS D'AVIS QUE L'ON PUBLIE LES MANGAS S'ILS SONT BONS ET SI L'AUTEUR SE DONNE À FOND, QUEL QUE SOIT SON ÂGE.

17

ÉVIDEMMENT, CONTRAIREMENT AUX JEUNES AUTEURS, ON N'ATTEND PAS D'EUX QU'ILS MÛRISSENT ET PROGRESSENT, MAIS, DANS LE CAS DE "PANCHIRA FIGHT", LE DEGRÉ DE FINITION EST TEL QU'IL N'Y A PRESQUE PLUS D'AMÉLIORATION À ATTENDRE.

CERTES, MAIS LA MARGE DE PROGRESSION EST PROCHE DE ZÉRO...

DÉTROMPE-TOI ! LE PLUS DRÔLE DANS CE MANGA QUI TOURNE AUTOUR DES CULOTTES, C'EST QU'ON N'EN VOIT PRATIQUEMENT AUCUNE ! HA ! HA ! HA !

L'HISTOIRE CONTIENT TOUT CE QU'ON RECHERCHE DANS UN MANGA SHÔNEN.

TOUT À FAIT D'ACCORD : L'ADAPTATION EN DESSIN ANIMÉ EST FACILE.

EXACTE-MENT !

MAIS PAS POUR UNE DIFFUSION EN GOLDEN TIME...

MAINTENANT QUE VOUS LE DITES, C'EST VRAI...

...

C'EST DIFFÉRENT DU DARK HERO DONT VOUS PARLIEZ, MAIS C'EST NÉANMOINS DE LA BASTON CLASSIQUE MARGINALE.

AZUMA-SENSEI SERA DONC PEUT-ÊTRE VOTRE RIVAL DANS LE JUMP.

"PCP" EST UN MANGA DE BASTON PSYCHOLOGIQUE OÙ IL Y A PEU D'ACTION.

...

...

AH ! OUI, D'ACCORD, MERCI BEAUCOUP !

MÊME S'IL S'AGIT D'UNE PUBLICATION EN MINISÉRIE, NOUS CONSIDÉRONS QUE C'EST UNE PUBLICATION EN SÉRIE, ET NOUS SOUHAITONS PASSER UN CONTRAT D'EXCLUSIVITÉ AVEC VOUS.

LE LUNDI SUI-VANT...

2

... TANT PIS, CE N'EST PAS GRAVE...

ÉVIDEMMENT, JE PRÉFÈRE ÊTRE BIEN PAYÉ, MAIS...

AH BON ...?

... JE NE VOUS AI PAS DEMANDÉ CE QU'IL EN ÉTAIT À L'ÉPOQUE DE "THREE", MAIS CHEZ NOUS, COMME C'EST VOTRE PREMIER MANGA, CE SERAIT DONC LE TARIF POUR DÉBUTANT...

ENSUITE, EN CE QUI CONCERNE LE PRIX DE VOS PLANCHES...

...?!

OUI, C'EST FAIT.

BON ! IL S'AGIRA D'UNE PUBLICATION DE QUATRE CHAPITRES SUCCESSIFS. IL FAUDRAIT DONC VOIR LES DERNIÈRES MODIFICATIONS DU CHAPITRE TROIS ET LE CHAPITRE QUATRE.

+!!!+!+ SAT

QUOI ?

JE FERAI MON POSSIBLE AUPRÈS DE MES SUPÉRIEURS POUR QUE VOUS AYEZ UN PRIX CORRECT POUR VOS PLANCHES, MAIS JE CRAINS QUE CE NE SOIT LE TARIF POUR DÉBUTANT...

MERCI...

LES QUESTIONS D'ARGENT FONT PEUT-ÊTRE EXCEPTION... APRÈS TOUT, IL N'A JAMAIS CONNU LE SUCCÈS, C'EST PEUT-ÊTRE LOGIQUE...

VU LA MANIÈRE DONT IL S'EST COMPORTÉ JUSQU'À PRÉSENT, JE M'ATTENDAIS À CE QU'IL AIT DES EXIGENCES PLUS ÉLEVÉES...

ET PUIS TU ME VOIS POSER LA QUESTION À M. AZUMA : "EST-CE BIEN VOUS QUI ÉCRIVEZ VOS HISTOIRES ?"

OUI, JE LE SAIS BIEN, MAIS...

D'ACCORD, MAIS CE N'EST PAS PARCE QU'EIKI PENSE CELA QUE C'EST FORCÉMENT VRAI.

VOILÀ...

- D'AZUMA-SENSEI.

CE QUI EST SÛR, C'EST QUE L'HISTOIRE N'EST PAS SORTIE DE LA TÊTE...

SI ÇA SE TROUVE, ILS ONT AUSSI MONTRÉ LEURS TRAVAUX À D'AUTRES ÉDITEURS...

PROBABLEMENT PARCE QU'ILS ONT APPRIS QU'ON AVAIT ENGAGÉ M. AZUMA... CELA DIT, C'EST QUAND MÊME UNE RÉACTION TRÈS RAPIDE.

POURQUOI LES AUTEURS VÉTÉRANS SANS SUCCÈS VIENNENT-ILS SUBITEMENT TOUS CHEZ NOUS ?

CE N'EST PAS TOUT...

SOUS-ENTEND-IL QU'IL Y A PEUT-ÊTRE UN SUPERSCÉNARISTE DERRIÈRE EUX ? ÇA EXPLIQUERAIT POURQUOI M. AZUMA AURAIT SOUHAITÉ ÊTRE UN PEU MIEUX PAYÉ... SI C'ÉTAIT LE CAS, CELA AURAIT ÉTÉ UN BON ARGUMENT POUR DEMANDER UNE AUGMENTATION DU TARIF DES PLANCHES... POURQUOI LE CACHER ?

DE PLUS, AUCUN NE NOUS A HABITUÉS À D'AUSSI BONNES HISTOIRES.

MOI, JE MAINTIENS QUE CET AFFLUX SOUDAIN DE VÉTÉRANS N'EST PAS NORMAL... ON CROIRAIT QU'ILS SE SONT TOUS DONNÉ LE MOT.

ILS ONT PEUT-ÊTRE ÉTÉ RECALÉS AVANT MÊME DE MONTRER LEURS PLANCHES. CHEZ NOUS, NOMBREUX SONT CEUX QUI N'APPROUVENT PAS NOTRE DÉMARCHE.

ET LES AUTRES N'EN AURAIENT PAS VOULU ALORS QUE C'ÉTAIT BIEN ?

...

YÛJIRÔ, IMAGINONS QUE DES AUTEURS VÉTÉRANS SE RÉUNISSENT AFIN D'ÉCHANGER DES AVIS, D'AMÉLIORER LEUR TRAVAIL, ET DE VENIR ENSUITE LE PRÉSENTER CHEZ NOUS, SHÛEISHA.

OUI, C'EST UNE HYPOTHÈSE CRÉDIBLE...

SI C'EST LE CAS, CELA NE GÊNE EN RIEN NOTRE MAISON D'ÉDITION, NI LE JUMP, N'EST-CE PAS ?

NON... EN CAS DE SUCCÈS, C'EST BIEN POUR NOUS, ET C'EST BIEN POUR L'AUTEUR. IL N'Y A PAS DE PROBLÈME.

D'AIL-LEURS, IL A DIT ÇA AUSSI...

AVEC NIIZUMA, CE NE SONT PAS DES PAROLES EN L'AIR...

JE L'ESPÈRE, OUI.

ÉCOUTE, JE CROIS QU'ON SE FAIT DES IDÉES. C'EST JUSTE UNE COÏNCIDENCE.

DU RECYCLAGE DE MAN-GAKAS ?

"LE RECYCLAGE, C'EST BIEN !"

* LOGO DU RECYCLAGE AU JAPON - AU MILIEU : PRO.

BON ! À PLUS.

TEL QUE JE TE LE DIS.

"CONSOM-MER ET JETER, C'EST MAL."

ENSUITE, IL A DIT...

J'AI DU MAL À CROIRE QUE NIIZUMA PUISSE ÊTRE AUSSI CYNIQUE...

L'USAGE UNIQUE ? IL PENSE QUE C'EST AINSI QUE FONCTIONNE LE JUMP ?

22

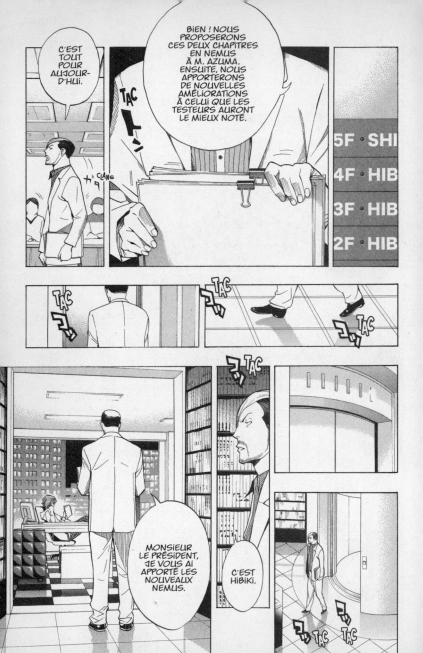

MERCi.

VOiCi LES DEUX CHAPiTRES POUR M. MARUi.

IL Y A ÉGALEMENT LES CiNQ CHAPiTRES EN NEMUS AU CAS OÙ LE MANGA DE M. AZUMA DEViENDRAiT UNE SÉRiE À PART ENTiÈRE.

UNE HiSTOiRE COMPLÈTE ET LE PREMiER CHAPiTRE À SOUMETTRE EN VUE DE L'ADAPTATION EN SÉRiE.

PAF

CELA ME DONNERAIT PRESQUE ENVIE DE ME REMETTRE AU DESSIN EN M'AIDANT DE LEURS FACULTÉS.

ILS SONT VRAIMENT INCROYABLES... PARVENIR À UN TEL RÉSULTAT EN METTANT EN COMMUN LEURS TALENTS INDIVIDUELS...

FLAP

FLAP

SAT

PAS GRAND-CHOSE... ET CE QUE J'EN PENSE IMPORTE PEU. FAITES LIRE TOUT CELA À NOS TESTEURS DEMAIN AFIN QU'ILS FASSENT DES ÉVALUATIONS.

EN-TEN-DU.

QU'EN PENSEZ-VOUS ?

トン TAC

MUTO ASHIROGI, TOI AUSSI...

"SHÔNEN JUMP", TU VAS VOIR...

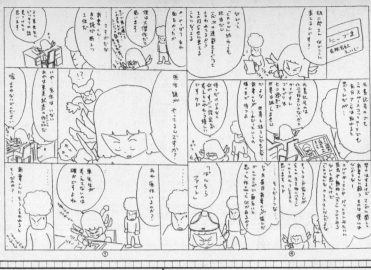

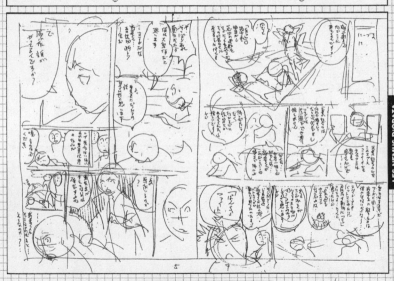

Les planches terminées !

BAKUMAN - VOL. 17
Du découpage à la planche finie
Épisode 143 - pages 10-11

LUNDI 21 NOVEMBRE, LE JUMP NUMÉRO 51 A ÉTÉ MIS EN VENTE. IL CONTIENT LE PREMIER CHAPITRE DE "PANCHIRA FIGHT" ET L'HISTOIRE COMPLÈTE "T&S" DE KISAKU ARAI.

LES DEUX VÉTÉRANS ONT DE L'EXPÉRIENCE, ÇA SE VOIT DANS LEUR DESSIN.

"PANCHIRA FIGHT" EST ENCORE MIEUX QUE CE À QUOI JE M'ATTENDAIS.

* PANCHIRA FIGHT -
PUBLICATION CONCENTRÉE ! CHAPITRE 1 !

OUI...

SI "T&S" PREND DES VOIX, CE SERA AUX DÉPENS DE "PCP"...

... MAIS "T&S" EST UNE HISTOIRE D'ENQUÊTE POLICIÈRE SOPHISTIQUÉE DANS UNE ÉCOLE, COMME "PCP"...

"PANCHIRA FIGHT" EST UN MANGA DE BASTON CLASSIQUE MARGINALE, COMME LA PROCHAINE HISTOIRE À LAQUELLE ON RÉFLÉCHIT...

...

ON VOTE PLUS FACILEMENT POUR UNE HISTOIRE COMPLÈTE ET UN PREMIER CHAPITRE, ALORS...

POURVU QUE TU DISES VRAI...

PEUT-ÊTRE, MAIS "PCP" EST BIEN MEILLEUR...

OUI... MÊME S'ILS ONT LOUPÉ LEUR CARRIÈRE, IL LEUR RESTE ENCORE LA FORCE DE DESSINER DE BONS MANGAS...

JE M'EN DOUTAIS : IL NE FAUT PAS SOUS-ESTIMER LES VÉTÉRANS...

... ET "PCP" EST SEULEMENT 7e...

... "MIKATA" DONT LA SÉRIE TV VIENT DE DÉMARRER EST N° 3...

"PAN-CHIRA" EST N° 1, "T&S" N° 2...

VEN-DREDI 25 NO-VEMBRE...

HA A...

ZOOOOO

À L'ENVERS ? TU VEUX DIRE QUE LES VIEUX VONT REMPLACER LES JEUNES DANS LE JUMP ?

IL VA PEUT-ÊTRE Y AVOIR UN PASSAGE DE FLAMBEAU ENTRE GÉNÉRATIONS... À L'ENVERS...

LA SEMAINE PROCHAINE, CE SERA AU TOUR DE L'HISTOIRE DE NANGOKU-SENSEI, "SAMOURAÏ BUTTER KILL", D'ÊTRE PUBLIÉE. ÇA A L'AIR BIEN...

QUOI ?! NANAMINE ?

C'EST TÔRU NANAMINE !!

CLANG

BEN ALORS ? M. HATTORI NOUS A DÉJÀ APPELÉS POUR LE HON-CHAN...

♪

LE JAPON EST UNE NATION VIEILLISSANTE, D'ACCORD, MAIS IL NE FAUT PAS EXAGÉRER QUAND MÊME !!

QUOI ?!

...

OUI... C'EST PEUT-ÊTRE LE DÉBUT D'UNE NOUVELLE ÈRE...

AZUMA-SENSEI : 50 ANS... ARAI-SENSEI : 35 ANS... NANGOKU-SENSEI : 47 ANS...

!

TAKAGI-SENSEI, COMMENT ALLEZ-VOUS DEPUIS LE TEMPS ?

BIEN, MERCI...

BIEN SÛR, JE REGRETTE SINCÈREMENT CE QUI S'EST PASSÉ, ET JE TRAVAILLE EN CE MOMENT SUR UN NOUVEAU MANGA.

DE QUOI S'AGIT-IL ? DE NEMUS ?

ON A REMIS NOS PLANCHES HIER, ON EST DONC LIBRES AUJOUR-D'HUI, MAIS...

NOUS MONTRER QUELQUE CHOSE ?

JE VOUS APPELLE, CAR J'AIMERAIS VOUS MONTRER QUELQUE CHOSE SI VOUS AVEZ LE TEMPS.

DANS CE CAS, C'EST À M. KOSUGI QUE TU DEVRAIS D'ABORD TÉLÉPHONER...

NON. JE VEUX VRAIMENT QUE CE SOIT VOUS QUI LE VOYIEZ. JE FERAI LE DÉPLACEMENT JUSQU'À VOTRE ATELIER. S'IL VOUS PLAÎT.

...

ET IL NOUS CONSULTE AVANT DE S'ADRESSER À M. KOSUGI ? IL N'A RIEN COMPRIS.

IL VIENT DE DIRE QU'IL REGRETTAIT CE QUI S'ÉTAIT PASSÉ, N'EST-CE PAS ?

AAH... MOI, IL ME MET MAL À L'AISE, CE GARÇON... JE RENTRE À LA MAISON.

IL VA VENIR...

BLA !

PEUT-ÊTRE, MAIS IL FAIT PREUVE D'HUMILITÉ EN VENANT NOUS CONSULTER... NOUS NON PLUS, ON NE MONTRE PAS NOS TRAVAUX QU'À NOTRE ÉDITEUR...

VROOOOM

ブリオォォ...

OUI ?

MONSIEUR LE PRÉSIDENT, IL Y A UNE QUESTION QUE J'AIMERAIS VOUS POSER...

...

PARCE QU'IL REPRÉSENTE L'OBJECTIF À ATTEINDRE POUR MOI.

POURQUOI FAITES-VOUS UNE TELLE FIXATION SUR MUTO ASHIROGI ?

!

6 - C

DANG

DING

DONG

ガタ TAC

HÉ ! KAZU, JE PEUX VENIR CHEZ TOI ?

ON RENTRE !

...

ET LÀ, TU VOIS...

CLAC ガタ

ON JOUE AUX JEUX VIDÉO ?

JE N'AVAIS PAS EU D'AMIS...

... AVANT CE JOUR-LÀ...

CLAC ガタ

HA ! HA ! HA !

QUOI ? TU ES VENU NOUS CHERCHER EN VOITURE ?

JE SUIS VENU VOUS CHERCHER EN VOITURE. VOULEZ-VOUS BIEN DESCENDRE, S'IL VOUS PLAÎT ?

ASHIROGI-SENSEI ! ÇA Y EST, JE SUIS LÀ.

NOUS SOMMES ARRIVÉS, MONSIEUR LE PRÉSIDENT.

CRII
キィ

MONTEZ.

JE VOUS EXPLIQUERAI TOUT LORSQUE NOUS SERONS ARRIVÉS À LA SOCIÉTÉ.

QUE FAITES-VOUS LÀ ?!

MAIS... HIBIKI-SENSEI !?

SAT

VOUS EN SAUREZ PLUS EN ARRIVANT.

JE COMPRENDS RIEN...

QUI CRÉE DES MANGAS !?

OUI. UNE SOCIÉTÉ QUI CRÉE DES MANGAS.

C'EST TA SOCIÉTÉ ?!

OUI. C'EST ÇA QUE JE VEUX VOUS MONTRER.

"LA SOCIÉTÉ" ?

VROOOM

OUI.

HIBIKI-SENSEI, CE SERA TOUT. VOUS POUVEZ RETOURNER À VOTRE TRAVAIL.

... ET "M.K." SONT CELLES DE "MANGA KISSA**"...

... "M.S." SONT LES INITIALES DE "MANGA SÔGÔKENKYÛKAI*"...

ON A CHOISI LES NOMS SANS TROP RÉFLÉCHIR, MAIS...

TADAM

SHI...

SHIN-JITSU CORPORATION ?!

* MANGA SÔGÔKENKYÛKAI : GROUPE D'ÉTUDES GÉNÉRALES SUR LE MANGA.
** MANGA KISSA : CAFÉ MANGA.

BIEN SÛR, PUISQUE C'EST MA SOCIÉTÉ.

ATTENDS... C'EST TOI, L'EMPLOYEUR DE HIBIKI-SENSEI ?

ET JUSTE EN DESSOUS, "HIBIKI"...

TAC

TAC

5F · SHINJITSU.CO

4F HIBIKI M.S

3F HIBIKI M.K

2F HIBIKI M.K

PAR ICI.

JE VAIS COMMENCER PAR VOUS FAIRE VISITER LE TROISIÈME ÉTAGE, CELUI OÙ HIBIKI-SENSEI OFFICIE COMME PROFESSEUR.

...

HIBIKI-SENSEI N'EST PAS SEUL : IL Y A TROIS AUTRES ENSEIGNANTS. TOUS ONT UNE SOLIDE EXPÉRIENCE DU MANGA.

DANS LE JUMP, CE SONT DES CANDIDATS QUI AURAIENT ÉTÉ SÉLECTIONNÉS POUR LES DEUX GRANDS PRIX, ET D'AUTRES QUI SERAIENT ALLÉS EN DEMI-FINALE DU CONCOURS STOKIN.

CES SEIZE PERSONNES ONT EU DES RÉSULTATS TRÈS PROMETTEURS DANS DES CONCOURS, MAIS AUCUNE D'ENTRE ELLES N'A ENCORE COMMENCÉ SA CARRIÈRE...

JE M'ABSTIENDRAI DE VOUS DONNER LEURS NOMS, MAIS UNE DIZAINE DE MANGAKAS NOUS ONT SOLLICITÉS POUR DES NEMUS.

OUI, MAIS NOUS NOUS LIMITONS AUX TRÈS BONS DESSINATEURS.

UNE DIZAINE DE MANGAKAS ?!

!?

"PANCHIRA FIGHT" ?!

PAR EXEMPLE, NOUS AVONS TRAVAILLÉ SUR "PANCHIRA FIGHT" D'AZUMA-SENSEI.

OUI. ET IL EN A ÉTÉ EXTRÊMEMENT SATISFAIT.

ÇA VEUT DIRE QU'AZUMA-SENSEÏ A FAIT SON MANGA À PARTIR DES NEMUS RÉALISÉS ICI ?

LE TRAVAIL COMMENCE PAR UNE DISCUSSION ENTRE LE PROFESSEUR ET LES ÉLÈVES SUR LE TYPE DE MANGA QUI POURRAIT LE MIEUX CONVENIR À CHAQUE DESSINATEUR.

ENSUITE, LA CLASSE SE DIVISE EN QUATRE GROUPES DE QUATRE ÉLÈVES SOUS LA DIRECTION D'UN PROFESSEUR, ET CHAQUE GROUPE FAIT DES NEMUS.

AFIN D'ÉVITER QUE LE STYLE DES NEMUS SOIT RÉPÉTITIF, LA COMPOSITION DES GROUPES VARIE À CHAQUE FOIS.

NEMUS

LES SALLES DES TESTEURS.

POUR L'INSTANT, J'AI ENCORE DES CHOSES À VOUS EXPLIQUER ICI.

OUI... JE VOUS MONTRERAI ÇA TOUT À L'HEURE.

UNE FOIS QUE LES QUATRE PAQUETS DE NEMUS SONT RÉALISÉS, TOUT LE MONDE SE REMET AU TRAVAIL AVEC LES PROFESSEURS, ET LES NEMUS QUI ONT REÇU LES MEILLEURES NOTES SONT ENVOYÉS AUX PREMIER ET DEUXIÈME ÉTAGES EN SALLES DES TESTEURS.

SALLES DES TESTEURS

ÇA CONCERNE LE DEUXIÈME AUSSI.

... EST PREMIER... "PANCHIRA FIGHT"...

SHŨJIN...!

IL FAUT RECONNAÎTRE QUE TU AS CORRIGÉ CE QUI N'AVAIT PAS FONCTIONNÉ LA DERNIÈRE FOIS... DE CETTE FAÇON, TU AS PEUT-ÊTRE DE GRANDES CHANCES QUE ÇA MARCHE.

!

LE DEUXIÈME AUSSI ? LE MANGA D'ARAI-SENSEI, "T8S", SORT AUSSI D'ICI ?

OUI.

"PEUT-ÊTRE" ? C'EST SÛR ! LES RÉSULTATS SONT LÀ !

LA SEMAINE PROCHAINE, CE SERA AU TOUR DE NANGOKU-SENSEI, ET LA SEMAINE SUIVANTE À CELLI DE YANAGI-SENSEI. S'ILS DÉCROCHENT UNE SÉRIE ET QU'ILS SE TIENNENT EN BONNE PLACE DANS LE CLASSEMENT...

COMIC
7
HUSTLER

ENFIN, POUR L'INSTANT, NI L'UN NI L'AUTRE N'ONT ENCORE OBTENU UNE VÉRITABLE SÉRIE, ALORS IL EST TROP TÔT POUR S'EN VANTER, MAIS...

... JE N'AI PAS OUBLIÉ QU'À L'ÉPOQUE MON HISTOIRE COURTE ET LE PREMIER CHAPITRE DE MON MANGA S'ÉTAIENT RESPECTIVEMENT CLASSÉS PREMIER ET DEUXIÈME...

JE TROUVAIS LOUCHE CET AFFLUX SOUDAIN DE DESSINATEURS VÉTÉRANS, MAIS EN FAIT, C'EST TOI QUI ES DERRIÈRE TOUT ÇA...

OUI. ILS SONT AUSSI PRODUITS PAR MA SOCIÉTÉ.

QUOI ?! NANGOKU-SENSEI ET YANAGI-SENSEI AUSSI ?!

NÉANMOINS, CE QUE JE VIENS DE VOUS EXPLIQUER NE SUFFIT PAS.

NOUS ALLONS FAIRE DE NOTRE MIEUX POUR QUE LEURS MANGAS DEVIENNENT DES SÉRIES.

IL NE FAIT AUCUN DOUTE QUE LE RÉSULTAT EST BIEN MEILLEUR QUE CELUI OBTENU PAR N'IMPORTE QUEL DÉBUTANT.

OUI. MA SOCIÉTÉ FOURNIT DES MENUS À DES AUTEURS EXPÉRIMENTÉS POUR QU'ILS EN FASSENT DES MANGAS.

J'AI BEAUCOUP RÉFLÉCHI SUR CE QU'IL FALLAIT FAIRE POUR QU'UN MANGA DEVIENNE POPULAIRE.

REGARDEZ, JE VOUS EN PRIE.

?

LE RÉSULTAT, CE SONT LES SALLES DES TESTEURS QUE NOUS AVONS INSTALLÉES AUX PREMIER ET DEUXIÈME ÉTAGES DU BÂTIMENT.

BROUHAHA

CHAQUE JOUR, UNE CENTAINE DE LYCÉENS VIENNENT ICI.

IL Y A TROIS FILLES POUR SEPT GARÇONS.

BIEN ENTENDU, SEULS CEUX QUI ONT ÉTÉ SÉLECTIONNÉS SONT ICI...

C'EST L'OBJECTIF PRINCIPAL DE CETTE SALLE DES TESTEURS !

ENSUITE, ON LEUR DEMANDE DE NOTER LES MENUS QUI ONT ÉTÉ RÉALISÉS AU 3ᵉ ÉTAGE.

TU DEVRAIS PROFITER D'ÊTRE ICI POUR LIRE DES MANGAS PLUS ANCIENS, MAIS PLUS RÉPUTÉS !

LA NOUVELLE SÉRIE "KICK" EST VRAIMENT TROP NULLE...

CELA SE PRÉSENTE COMME UN CAFÉ MANGA : ON PEUT Y LIRE AUTANT DE MANGAS QUE L'ON SOUHAITE ET Y CONSOMMER DES BOISSONS À VOLONTÉ.

JE VOUS AI DIT QUE C'ÉTAIT COMME DANS UN CAFÉ MANGA. CEPENDANT, EN ÉCHANGE DU TEMPS PASSÉ ICI, LES TESTEURS SONT PAYÉS.

...

EXACTE-MENT, TAKAGI-SENSEI ! BRAVO !

POUR ÉVALUER LE POTENTIEL DE VOS MANGAS, IL Y A UN GROUPE DE PERSONNES DONT LA VISION EST TRÈS PROCHE DE CELLE D'UN LECTEUR MOYEN...

À TITRE D'EXEMPLE, LES RÉSULTATS DU QUESTIONNAIRE DU JUMP DE LA SEMAINE ET CEUX QUE NOUS AVONS OBTENUS ICI, À L'EXCEPTION DU NOMBRE DE VOIX, SONT PRESQUE PARFAITEMENT IDENTIQUES.

ON LEUR DEMANDE AUSSI DE RÉPONDRE À TOUTES SORTES DE QUESTION-NAIRES.

IL LEUR ARRIVE DE DONNER DES IDÉES POUR LES NEMUS, ET SI L'IDÉE EST BONNE, ON LA LEUR ACHÈTE.

GRÂCE À TOUTES LES CAMÉRAS QUE NOUS AVONS INSTALLÉES ICI, NOUS ÉTUDIONS LEURS RÉACTIONS LORS DE LA LECTURE, ET CELA NOUS SERT POUR RÉALISER LES NEMUS.

HA HA

COMBIEN A-T-IL DÉPENSÉ POUR TOUTE CETTE INSTALLATION..?

SI L'ON VEUT DESSINER UN MANGA POUR LES LECTEURS, IL FAUT COMMENCER PAR BIEN CONNAÎTRE LES LECTEURS.

TADAM

ALORS, QU'EN DITES-VOUS ?

MOI, JE SUIS PERSUADÉ QU'UN MANGA RÉALISÉ DE CETTE MANIÈRE SERA MEILLEUR QU'UN MANGA EFFECTUÉ AVEC UN RESPONSABLE ÉDITORIAL.

EN EFFET, LA SOCIÉTÉ EST DÉFICITAIRE, POUR L'INSTANT.

...

JE CROYAIS POURTANT QU'IL VOULAIT RÉUSSIR EN TANT QUE MANGAKA...

MAIS... IL NE REGRETTE PAS DU TOUT CE QU'IL A FAIT. AU CONTRAIRE, C'EST ENCORE PIRE...

NOUS PERCEVONS 60 % DE TOUTES LES SOMMES GAGNÉES PAR LES AUTEURS : ARGENT DU PAIEMENT DES PLANCHES, DROITS D'AUTEUR, ET TOUT CE QUE LE MANGA GÉNÈRE.

N'EST-CE PAS ?

EN CE QUI CONCERNE LE PROCÉDÉ, IL PEUT EN EFFET PERMETTRE DE CRÉER DES MANGAS À SUCCÈS.

OUI, C'EST AUSSI MON AVIS.

MAIS, EN TANT QU'ENTRE-PRISE, ÇA NE FONCTIONNE PAS.

D'OÙ VIENT L'ARGENT INVESTI AU DÉPART ?

JE NE CROIS PAS QUE CE SOIT AUSSI SIMPLE QUE ÇA...

IL SUFFIT QU'UN MANGA FASSE UN TRÈS GROS SUCCÈS, ET LES COMPTES SERONT POSITIFS.

POURQUOI VOUS FOCALISEZ-VOUS À CE POINT SUR L'ARGENT ? C'EST MESQUIN.

CE QUE J'AI DANS MON PORTEFEUILLE, ÇA NE VOUS REGARDE PAS APRÈS TOUT. LES FAITS SONT LÀ : CETTE SOCIÉTÉ EXISTE.

COMMENT QUELQU'UN PEUT-IL INVESTIR DANS UNE TELLE SOCIÉTÉ DIRIGÉE PAR UNE PERSONNE AUSSI JEUNE QUE TOI ?

ET CE N'EST PAS AVEC TES REVENUS DE MANGAKA QUE TU PEUX BÂTIR UNE TELLE SOCIÉTÉ.

OUI, C'EST ÇA : UN DON FAIT À L'INDUSTRIE DU MANGA. CONSIDÉREZ-MOI COMME UN BÉNÉVOLE.

...

UN BÉNÉVOLE ?

ET SI JE NE FAIS PAS DE PROFITS, JE CONSIDÉRERAI QUE C'EST DU BÉNÉVOLAT...

JE RENDRAI L'ARGENT QUE J'AI EMPRUNTÉ AVEC LES MANGAS QUE J'AURAI PRODUITS.

JE POURRAIS LE COMPRENDRE VENANT D'UN GRAND MANGAKA QUI A FAIT FORTUNE, MAIS LÀ...

CE N'EST PAS NORMAL QUE CE SOIT TOI QUI FASSES ÇA...

DANS CE CAS, QUE CHERCHES-TU EN NOUS MONTRANT TOUT ÇA ?

ALORS, TU FAIS VRAIMENT ÇA DANS L'INTÉRÊT DES MANGAS ?

!

CE QUE JE VEUX VOUS DIRE, C'EST QUE JE NE FAIS PAS ÇA POUR L'ARGENT. MA MOTIVATION EST AILLEURS.

DE TOUTE FAÇON, CE SYSTÈME FERA SES PREUVES TRÈS BIENTÔT...

...

JE VOUS L'AI POURTANT DIT LA DERNIÈRE FOIS QU'ON S'EST VUS À LA FÊTE DU NOUVEL AN.

VOUS FAITES SEMBLANT DE NE PAS COMPRENDRE ?

ALLEZ, ÇA SUFFIT, ASHIROGI-SENSEI...

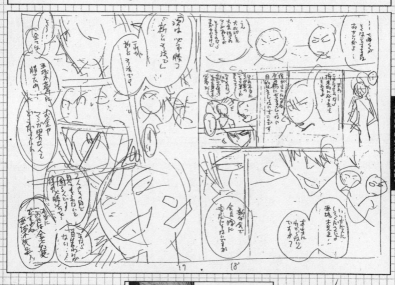

Les planches terminées !

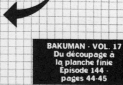

BAKUMAN · VOL. 17
Du découpage à
la planche finie
Épisode 144 ·
pages 44-45

ENCORE UNE FOIS, CE SERA UN MANGA DONT TU NE SERAS PAS VRAIMENT L'AUTEUR...

...

N'EST-CE PAS ?

IL FAUT QUE VOUS VOYIEZ VOUS-MÊMES MA MÉTHODE INFAILLIBLE POUR RÉALISER VÉRITABLEMENT QUE VOUS AVEZ PERDU.

C'EST UNE REMARQUE DE MAUVAIS PERDANT, ÇA.

LÀ, JE NE SUIS PAS D'ACCORD.

TOUS LES MANGAS QUI VERRONT LE JOUR ICI PORTERONT MA MARQUE DE FABRIQUE.

OSERIEZ-VOUS PRÉTENDRE QUE VOUS N'ÊTES PAS ÉNERVÉS D'AVOIR PERDU CONTRE MES MANGAS ? QUE VOUS N'AVEZ PAS PERDU CONTRE MOI ?

...

...

EN FAIT, VOILÀ... FAISONS UNE COMPARAISON SIMPLE : JE SUIS COMME UN RÉALISATEUR DE FILMS...

Page 145
Offre et arrêt

... SERONT DES ŒUVRES DE TÔRU NANAMINE.

AUTREMENT DIT, TOUS LES MANGAS QUI NAÎTRONT ICI...

... UNE FOIS LE FILM TERMINÉ, ILS SONT LES SEULS À ÊTRE CRÉDITÉS AU GÉNÉRIQUE.

IL Y A DE NOMBREUX RÉALISATEURS QUI CRÉENT LEURS FILMS EN FAISANT APPEL À DES PRODUCTEURS, À DU PERSONNEL QUALIFIÉ, QUI FONT TRAVAILLER DES SCÉNARISTES, MAIS...

ASHIROGI-SENSEI, VOUS, ÇA Y EST, VOUS ÊTES APPRIVOISÉS...

CE N'EST PAS LA SEULE MANIÈRE DE FAIRE UN MANGA ! IL Y A DES PERSONNES À QUI CELA NE CONVIENT PAS. ET BEAUCOUP VOIENT LEUR TALENT GÂCHÉ À CAUSE DE ÇA...

VOUS FAITES EXPRÈS DE NE PAS COMPRENDRE, OU QUOI ?

NON... UN MANGA EST LE RÉSULTAT DU TRAVAIL ENTRE LES AUTEURS ET LE RESPONSABLE ÉDITORIAL.

ENFIN, "PCP" SEMBLE PLUTÔT BIEN MARCHER, ET C'EST PEUT-ÊTRE LA PREUVE QUE DESSINER CE QU'ON ATTEND DE VOUS, SANS FAIRE DE VAGUES, VOUS CONVIENT MIEUX...

N'ÉTIEZ-VOUS PAS PLUS REBELLES LORSQUE VOUS DESSINIEZ "NOTRE MONDE EST RÉGI PAR L'ARGENT ET LE SAVOIR" OU "DÉTECTIVE MYSTIFICATEUR TRAP" ?

OUI. PAR LE JUMP.

ON EST APPRIVOISÉS ?

LE FAIT QUE VOUS REFUSIEZ DE VOIR LA RÉALITÉ EN FACE EST LA PREUVE QUE VOUS ÊTES TOTALEMENT APPRIVOISÉS.

IL ME GÊNE PLUS QU'AUTRE CHOSE. SOYEZ LOGIQUES : ON PEUT FAIRE UN BIEN MEILLEUR MANGA EN TRAVAILLANT AINSI PLUTÔT QU'EN N'ŒUVRANT QU'À DEUX PERSONNES.

LE TRAVAIL QUE JE PEUX RÉALISER AVEC M. KOSUGI A SES LIMITES... SOYEZ HONNÊTES : EN TANT QU'ÉDITEUR, IL EST NUL, ET IL NE FERA JAMAIS SORTIR UN GROS SUCCÈS.

... MAIS CE N'EST PAS UNE RAISON POUR REJETER MA MÉTHODE DE CRÉATION.

VOUS DEVRIEZ PLUTÔT ME FÉLICITER...

JE CONCENTRE MA PRODUCTION SUR LE JUMP, QUI DU COUP BÉNÉFICIE DE MA RECETTE. ON DEVRAIT ME REMERCIER POUR ÇA.

À CÔTÉ DE ÇA, J'OFFRE À DE VIEUX MANGAKAS EN PLEIN DOUTE DE BONNES HISTOIRES À DESSINER...

JE FAIS APPEL À DES GRAINES DE MANGAKAS, JE LES FAIS PARTICIPER ACTIVEMENT À DES MANGAS, JE LEUR OFFRE UN ESPACE POUR S'ÉPANOUIR, ET EN PLUS, JE LES PAIE...

JE DOUTE QUE LA RÉDACTION SAUTE DE JOIE EN APPRENANT CE QUE TU FAIS...

N'IMPORTE QUEL ÉDITEUR SENSÉ ET COMPÉTENT RECONNAÎTRA QU'IL FAUT ME REMERCIER !

LE JUMP EST UN MAGAZINE À VOCATION COMMERCIALE. MA MÉTHODE PERMET DE CRÉER DES MANGAS QUI MARCHENT, LA RÉDACTION NE PEUT PAS REFUSER CELA.

MASHIRO-SENSEI, TU ES TROP TÊTU...

TOUT LE MONDE CHERCHE DES MANGAS QUI MARCHENT BIEN. C'EST LOGIQUE.

DE TOUTE FAÇON, J'AI BIEN L'INTENTION DE PRÉSENTER LES ACTIVITÉS DE MA SOCIÉTÉ À TOUTES LES RÉDACTIONS DES MAISONS D'ÉDITION AFIN DE PLACER DES ŒUVRES.

FAITES UN TEST... PARLEZ À M. HATTORI DE CE QUE NOUS FAISONS ICI, DE MA SOCIÉTÉ.

...

!

"PANCHIRA FIGHT" S'EST CLASSÉ PREMIER AVEC L'HISTOIRE COMPLÈTE ET LE PREMIER CHAPITRE DE LA MINISÉRIE : C'EST COMME SI LA SÉRIALISATION ÉTAIT DÉJÀ ACCEPTÉE. ET LES AUTRES MANGAS VONT LUI EMBOÎTER LE PAS.

C'ÉTAIT DE LA FAUSSE MODESTIE.

OUI... ENCORE FAUT-IL QUE TU ARRIVES VRAIMENT À CRÉER DES MANGAS À SUCCÈS EN NOMBRE... TU L'AS DIT TOI-MÊME : POUR L'INSTANT, CE NE SONT QUE DES HISTOIRES COURTES ET UNE MINISÉRIE. IL N'Y A PAS ENCORE DE RÉSULTATS PROBANTS.

CEPENDANT, À CE RYTHME-LÀ, DANS QUELQUES MOIS, LES MANGAS QUE J'AURAI CRÉÉS SERONT PASSÉS DEVANT "PCP".

AH ! VOILÀ CE QUE J'ATTENDAIS... ÇA VA ME MOTIVER...

S'IL Y A DES SÉRIES, ON NE SE LAISSERA PAS FAIRE.

JE CROIS QUE C'EST ENCORE PIRE QUE ÇA... COMME S'IL PENSAIT POUVOIR ACHETER LA RECONNAISSANCE AVEC DE L'ARGENT...

ATTENTION : JE VAIS ME BATTRE, BIEN SÛR... PAS QUESTION DE PERDRE CONTRE UN SYSTÈME CONSTRUIT SUR L'ARGENT...

SHÛÛN!

... JE RECONNAIS QUE SON SYSTÈME EST TRÈS BIEN PENSÉ.

J'AI FAIT CE QUE J'AI PU POUR CONTRER SES ARGUMENTS, MAIS...

CRII!

VROOOOM

BEN ALORS, SAIKÔ ? NE ME DIS PAS QUE TU BAISSES LES BRAS ?

...?

...

D'AILLEURS, AZUMA-SENSEI ET ARAI-SENSEI QUI SE METTENT SOUDAINEMENT À FAIRE DE SUPER-MANGAS, ÇA CLOCHE...

EN FAIT, SI ON VEUT ALLER DE L'AVANT ET SE BATTRE, AUTANT ADMETTRE TOUT DE SUITE QU'IL PARVIENT À PRODUIRE DE BONS MANGAS.

ON S'EST PROMIS UNE GRANDE RÉUSSITE, NON ?

...

... DÉCOUVRIR QU'AZUMA-SENSEI ET ARAI-SENSEI DOIVENT LEUR COME-BACK À UNE AIDE EXTÉRIEURE...

... BIEN SÛR QUE NON, MAIS...

NON...

AH... OUI, C'EST VRAI !

ON EN SERA OÙ, NOUS, À CINQUANTE ANS ?

HÉ ! NE PARLE PAS COMME ÇA !

... ÇA M'ATTRISTE UN PEU...

... "SAMOURAÏ BLITTER" 3°...

"PANCHIRA" EST 2°...

ET LES RÉSULTATS DU CHAPITRE DEUX DE "PANCHIRA FIGHT" ▽ ET DE L'HISTOIRE COMPLÈTE "SAMOURAÏ BLITTER KILL" ?

"PCP" EST 6°.

VEN-DRE-DI 2 DÉ-CEM-BRE...

...

...

CERTES, CE SONT DES PUBLICATIONS EXCEPTIONNELLES, MAIS CES MANGAS SONT DEVANT NOUS.

LÀ, ON PEUT CONSIDÉRER QUE "PANCHIRA" ▽ VA AVOIR UNE VRAIE SÉRIE, LONGUE. CE SERA UN RIVAL TRÈS DANGEREUX POUR VOUS.

EH BIEN... EN FAIT...

...

MAIS IL N'Y A PAS À S'INQUIÉTER PLUS QUE ÇA... VOUS AVEZ L'HABITUDE DE CE GENRE DE SITUA-TION...

ÇA DÉPEND DE LEURS RÉSULTATS, MAIS OUI, EN EFFET.

MONSIEUR HATTORI... LES HISTOIRES COMPLÈTES D'ARAI-SENSEI ET DE NANGOKU-SENSEI ONT DES CHANCES D'ÊTRE ADAPTÉES EN SÉRIE, N'EST-CE PAS ?

QU'Y A-T-IL ? D'HABITUDE, IL EN FAUT PLUS POUR VOUS DÉCOURAGER...

"PANCHIRA", TOUT COMME LES TROIS HISTOIRES COMPLÈTES PUBLIÉES ?

OUI...

OUI...

CE SONT DES MANGAS CRÉÉS PAR LA SOCIÉTÉ DE NANAMINE ?!

LES ÉDITEURS DE LA RÉDACTION ONT AIMÉ LES HISTOIRES PRÉSENTÉES, ET LES RÉSULTATS SONT BEL ET BIEN LÀ.

VOUS LE PENSEZ, VOUS AUSSI...

COMME IL VOUS L'A DIT, JE SUIS BIEN OBLIGÉ D'ADMETTRE QUE SA MÉTHODE PERMET DE FAIRE DE BONS MANGAS...

...

HUM...

...

NANAMINE N'A AUCUNE INTENTION DE CRÉER SES MANGAS AVEC UN ÉDITEUR.

OUI, EN EFFET...

C'EST TRÈS EMBARRASSANT... ET ÇA L'EST ENCORE PLUS POUR KOSUGI, SON RESPONSABLE.

ENCORE UNE FOIS, IL REMET EN CAUSE LE RÔLE DE L'ÉDITEUR... VOIRE DE TOUTE LA RÉDACTION...

ÉVIDEMMENT, CETTE MÉTHODE NE ME PLAÎT PAS, MAIS...

NI AUX LYCÉENS QUI SONT PAYÉS, ET QUI PEUVENT LIRE LES MANGAS QU'ILS VEULENT...

... NI AUX GRAINES DE MAN-GAKAS...

EN TANT QU'ÉDITEUR, LA MÉTHODE EST INACCEPTABLE, MAIS IL EST VRAI QUE CELA NE NUIT À PERSONNE...

QUOi...?

AH!

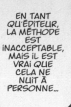

ON DÉCIDERA SÛREMENT DE LE LAISSER FAIRE SES MANGAS SANS QUE KOSUGI S'EN MÊLE...

ZUT... LA RÉDACTION FINIRA PAR L'APPRENDRE... ET IL Y AURA ENCORE DES DISPUTES... ENFIN, PAS SI SÛR...

... NI AUX DESSINATEURS VÉTÉRANS QUI REÇOIVENT DES HISTOIRES À DESSINER...

DES MANGAKAS QUI NE SONT PLUS EN PHASE AVEC LEUR ÉPOQUE PEUVENT SE REMETTRE EN SELLE GRÂCE À UN CHANGEMENT DE MÉTHODE... C'EST EXACTEMENT CE QUE PROPOSE NANAMINE...

LE RECYCLAGE DE MANGAKA ?

...

IL PARAÎT QUE NIIZUMA AURAIT DIT : "LE RECYCLAGE, C'EST BIEN !"

À MOINS QUE NANAMINE NE VOUS AIT DEMANDÉ LE CONTRAIRE, J'AIMERAIS QUE VOUS NE DISIEZ RIEN À PERSONNE POUR L'INSTANT.

JE VAIS FAIRE QUELQUES VÉRIFICATIONS, ET JE CHOISIRAI LE BON MOMENT POUR EN PARLER À MES SUPÉRIEURS.

MERCi.

TARŌ KAWAGUCHI...

LES BELLES HISTOIRES DE MANGAKAS QUI N'ONT PLUS DE SUCCÈS ET QUI FONT UN RETOUR PAR LA GRANDE PORTE, ÇA N'ARRIVE PAS COMME ÇA, N'EST-CE PAS...?

LES NEMUS, CE N'EST PAS VOUS QUI LES AVEZ FAITS, N'EST-CE PAS ?

?

EN FAIT, AUJOURD'HUI, J'AI UNE QUESTION À VOUS POSER...

!

APRÈS TOUT, VOUS NE FAITES RIEN DE MAL. IL Y A BEAUCOUP DE DESSINATEURS QUI S'INVESTISSENT À FOND DANS LE DESSIN, C'EST COURANT. DE PLUS, ME LE DIRE VOUS AURAIT CERTAINEMENT LIBÉRÉ D'UN POIDS POUR DESSINER.

OUI, JE COMPRENDS BIEN... NON SEULEMENT L'HISTOIRE EST BIEN, MAIS EN PLUS, ÇA COLLE BIEN À VOTRE STYLE...

...

C'EST MINABLE, JE LE SAIS...

JE SUIS DÉSO-LÉ...

...

JE SAIS QUE CE N'EST PAS UN DUO CLASSIQUE DESSINATEUR-SCÉNARISTE, ET QU'IL ÉTAIT DIFFICILE DE M'EN PARLER, MAIS J'AURAIS AIMÉ QUE VOUS ME LE DISIEZ DÈS LE DÉBUT.

QUAND J'AI VU LES NEMUS DE "PANCHIRA FIGHT", JE N'AI PAS PU RÉSISTER...

... MAIS J'AI BESOIN DE TRAVAILLER POUR VIVRE, MOI AUSSI, ET IL N'EST PAS FACILE DE CHANGER COMME ÇA...

OUI...

56

... ...

L'UN DES RÊVES DE TARÔ KAWAGUCHI ÉTAIT QUE TU DEVIENNES MANGAKA...

MON ONCLE !?

QUOI...?

LE LENDE-MAIN...

IL M'A DEMANDÉ DE TE TRANSMETTRE UN MESSAGE...

?

EN FAIT, M. AZUMA A ÉTÉ LE DERNIER ASSISTANT DE TON ONCLE.

C'EST BIEN CE QUE JE PENSAIS...

AU CONTRAIRE, J'AI PLUTÔT EU L'IMPRES-SION QU'IL ESSAYAIT DE ME FAIRE PRENDRE UNE AUTRE VOIE...

IL NE M'EN A JAMAIS PARLÉ...

ON A LE MÊME ÂGE, MAIS VOUS, VOUS VOUS DONNEZ VRAIMENT DU MAL... C'EST MOTIVANT ! MOI AUSSI, UN JOUR, JE SERAI PUBLIÉ DANS LE JUMP. PEU IMPORTE LE TEMPS QUE ÇA PRENDRA !

NON, JE VOUS EN PRIE...

JE SUIS DÉSOLÉ DE T'AVOIR FAIT TRAVAILLER COMME ASSISTANT SUR D'AUSSI MAUVAIS DESSINS...

AZUMA, MERCI POUR TOUT...

LÀ, C'EST LA TROISIÈME DE MES SÉRIES QUI S'ARRÊTE, MAIS JE NE VAIS PAS BAISSER LES BRAS POUR AUTANT !

QUANT AUX DEUX SÉRIES QUE J'AI FAITES APRÈS, ELLES ONT À PEINE TENU DIX SEMAINES... ÇA, C'EST FATAL...

"LA LÉGENDE DES SUPERHÉROS" A ÉTÉ ADAPTÉE EN DESSIN ANIMÉ... ÇA NE COMPTE PAS...

VOUS EXAGÉREZ, LÀ...

...

BIEN SÛR QUE SI : LE MANGA S'EST ARRÊTÉ FAUTE DE POPULARITÉ.

ENCORE LE PETIT MORITAKA ?

IL ME DIT QU'IL M'ADMIRE ET QU'IL VEUT DEVENIR MANGAKA. JE NE VEUX PAS BRISER SON RÊVE.

JE VEUX DEVENIR UN AUTEUR AVEC PLUSIEURS SUCCÈS À SON ACTIF ET J'ATTENDRAI MORITAKA.

MAIS JE NE VAIS PAS EN RESTER LÀ !

LE JOUR OÙ IL SERA DEVENU DESSINATEUR PROFESSIONNEL, JE VEUX POUVOIR LUI DONNER DES CONSEILS, SANS AVOIR HONTE DE MOI...

JE NE DOIS PAS M'ARRÊTER DE DESSINER AVANT CELA.

JE T'ASSURE QU'IL EST TRÈS DOUÉ, IL DEVIENDRA UN BIEN MEILLEUR MANGAKA QUE MOI.

OH !

SI MORITAKA DIT QU'IL VEUT DEVENIR MANGAKA, ILS NE S'Y OPPOSERONT PAS.

NÉANMOINS, J'AI PARLÉ À MON PÈRE ET À MON FRÈRE...

OUI, BIEN SÛR...

...

ON ÉVOLUE DANS UN MILIEU TRÈS DIFFICILE, QUE JE NE RECOMMANDE PAS...

ON NE DEVIENT PAS MANGAKA PARCE QUE QUELQU'UN VOUS LE DEMANDE...

SAIKÔ... JE T'AI DEMANDÉ DE DEVENIR MANGAKA, MOI...

ET APRÈS SA MORT...

... EST TOUJOURS RESTÉ AMI AVEC TARÔ KAWAGUCHI.

M. AZUMA...

L'ATELIER... C'EST POUR ÇA...

CLAC!

... ET J'ATTENDRAI QUE LE PETIT MORITAKA DEVIENNE UN PRO, LUI AUSSI... JE VAIS ME BATTRE POUR VOUS...

KAWA-GUCHI...

... JE VAIS POURSUIVRE VOTRE RÊVE ET JE SERAI PUBLIÉ DANS LE JUMP...

ZAAAAA

ZAAAAA

SI JAMAIS MASHIRO-SENSEI IGNORE CE QUE SON ONCLE PENSAIT, J'AIMERAIS QUE VOUS LE LUI DISIEZ.

J'ÉTAIS POURTANT SINCÈRE EN DISANT CELA, MAIS...

... VOILÀ OÙ J'EN SUIS ARRIVÉ...

...

IL DOIT ENCOURAGER SON NEVEU !

LÀ OÙ IL EST, AU PARADIS, TARÔ KAWAGUCHI DOIT ÊTRE TRÈS HEUREUX !

AZUMA-SENSEI EST UN TYPE BIEN...

...

IL VEUT AUSSI QUE TU SACHES QUE, LUI AUSSI, IL EST DE TOUT CŒUR AVEC MUTO ASHIROGI...

JE N'AI PAS ENVIE DE PERDRE CONTRE NANAMINE, MAIS, EN MÊME TEMPS, J'AIMERAIS BIEN QU'AZUMA-SENSEI RÉUSSISSE... JE ME SENS TRÈS PARTAGÉ...

VEN-DREDI 9 DÉCEM-BRE...

NE DIS PAS N'IMPORTE QUOI, SHÛJIN... SI "PANCHIRA FIGHT" ▽ GAGNE, CE SERA D'ABORD UNE VICTOIRE DE NANAMINE.

ÉVIDEMMENT !

OUI ! DEMANDE AUSSI LE CLASSEMENT DES HISTOIRES COMPLÈTES !

OH ! LES RÉSULTATS DU HON-CHAN !

♪

ドサ"
TAC

... ÇA NE ME DÉPLAIRAIT PAS...

...

SI ON POUVAIT RESTER EN COMPÉTITION AVEC AZUMA-SENSEI, MAIS AVEC "PCP" TOUJOURS DEVANT...

... AZUMA-SENSEI N'A RIEN FAIT DE MAL... NON ?

OUI, JE LE SAIS BIEN, MAIS...

LES MANGAS PRODUITS PAR NANAMINE POUR LES AUTEURS VÉTÉRANS VONT VRAIMENT PRENDRE DE LA PLACE DANS LE JUMP...

L'HISTOIRE COMPLÈTE S'EST MOINS BIEN CLASSÉE QUE LES DEUX PRÉCÉDENTES, MAIS 7e, C'EST LARGEMENT SUFFISANT...

"PANCHIRA" ▽ VA ÊTRE SÉRIALISÉ, C'EST SÛR...

... ET L'HISTOIRE COMPLÈTE DE YANAGI-SENSEI, 7e...

... "PCP" 5e...

"PANCHIRA" ▽ EST 3e...

...

BIP

TOUT MANGA MOINS BIEN CLASSÉ QUE MUTO ASHIROGI N'A PAS SA PLACE ICI.

OUI, C'EST VRAI, CERTAINS PEUVENT LE VOIR AINSI... MAIS JE VAIS VOUS LE DIRE DIFFÉREM-MENT...

POUR UNE HISTOIRE COMPLÈTE, CE N'EST PAS UN MAUVAIS CLASSEMENT.

NOUS VOUS AVONS FOURNI LES MEILLEURS NEMUS POSSIBLES À ASSOCIER À VOTRE DESSIN. ENSUITE, LA RÉUSSITE NE DÉPEND PLUS QUE DE VOTRE STYLE.

QUE... MON STYLE NE CONVIENT PAS...?!

AH... JE VAIS RECTIFIER LE TIR !! MAIS...

VOTRE STYLE EST PASSÉ DE MODE. NOS TESTEURS NOUS L'ONT DIT.

EXAC-TEMENT.

VOUS AVEZ UN RESPONSABLE ÉDITORIAL, N'EST-CE PAS ? POURQUOI NE PAS VOUS METTRE AU TRAVAIL AVEC LUI ? IL DOIT POUVOIR SE SATISFAIRE DE CETTE SEPTIÈME PLACE AU CLASSEMENT, LUI...

64

Les planches terminées !

BAKUMAN - VOL. 17
Du découpage à
la planche finie
Episode 145 -
pages 58-59

PERSONNE N'AVAIT IMAGINÉ QUE NANAMINE POUVAIT ÊTRE DERRIÈRE TOUT ÇA.

TU VOIS, JE T'AVAIS DIT QUE C'ÉTAIT LOUCHE...

ELLE DÉCIDERA PEUT-ÊTRE DE NE PLUS PUBLIER AUCUN DES MANGAS PRODUITS PAR LA SOCIÉTÉ DE NANAMINE.

QUE FERA LA DIRECTION EN APPRENANT ÇA...?

Page 146
Grand jour et colère

J'AI PRESQUE ENVIE DE LEUR DIRE DE FAIRE LEUR PROPRE MAGAZINE.

PERSONNELLEMENT, TANT QUE LE MANGA EST BON, JE SUIS POUR, MAIS AVEC CETTE MÉTHODE, LE RESPONSABLE ÉDITORIAL DEVIENT INUTILE.

C'EST DÉLICAT...

LA SOCIÉTÉ DE NANAMINE EST CAPABLE DE PRODUIRE DES NEMUS TRÈS RAPIDEMENT.

NON SEULEMENT IL Y A LE MANGA D'AZUMA-SENSEI QUI PEUT ÊTRE SOUMIS À LA RÉUNION, MAIS AUSSI LES TROIS HISTOIRES COMPLÈTES.

QUOI QU'IL EN SOIT, IL FAUT EN PARLER À NOS SUPÉRIEURS AVANT LA PROCHAINE RÉUNION ÉDITORIALE...

...

LE SYSTÈME EST QUAND MÊME BIEN PENSÉ.

OUI. ET DE BONNE QUALITÉ, EN PLUS.

...

OUI, TU AS RAISON.

IMAGINE QUE LES SÉRIES SOIENT ACCEPTÉES ET QUE ÇA SE SACHE ENSUITE... CE SERA ENCORE PLUS EMBÊTANT.

IL FAUT QU'ON EN PARLE AVANT LA PROCHAINE RÉUNION !

BLAM

OUI ? EN CONNAISSANCE DE CAUSE ET AVEC L'AVAL DE NOS SUPÉRIEURS, N'EST-CE PAS ?

...

J'AI QUAND MÊME ENVIE QUE "PANCHIRA FIGHT" DEVIENNE UNE SÉRIE...

...

J'AI VRAIMENT ENVIE D'AIDER...

C'EST JUSTEMENT POUR ÇA QU'IL FAUT METTRE LES CHOSES AU CLAIR AVEC NOS SUPÉRIEURS AVANT !

... M. AZUMA ...

PARVENIR À PLAIRE AUX LECTEURS À CE POINT ET NE PAS ENCHAÎNER SUR UNE SÉRIE, CE SERAIT CRUEL POUR M. AZUMA.

M. HATTORI NOUS A PRÉVENUS, MAIS CE SERA UN ADVERSAIRE DE TAILLE...

EN TOUTE LOGIQUE, LES NEMUS POUR UNE SÉRIE VONT ÊTRE PROPOSÉS À LA RÉUNION DU 23...

FINALEMENT, IL SERA TOUJOURS RESTÉ DEVANT "PCP" ...

LE QUATRIÈME ET DERNIER CHAPITRE DE LA MINISÉRIE DE "PANCHIRA FIGHT" ▽ EST CLASSÉ 3ᵉ...

OUI... FORCÉMENT, PUISQUE SON OBJECTIF EST DE NOUS ÉCRASER... D'ÉCRASER "PCP" ...

C'EST BIEN LE GENRE DE MANGA DANS LEQUEL NANAMINE VA BEAUCOUP INVESTIR.

NON SEULEMENT C'EST UN SUPER-CLASSEMENT, MAIS EN PLUS, LE CONTENU EST PROCHE DE "PCP" .

SURTOUT CELLE D'ARAÏ-SENSEÏ, "T&S" , QUI A ÉTÉ 2ᵉ ...

LES TROIS HISTOIRES COMPLÈTES SE SONT AUSSI BIEN CLASSÉES...

ET PAS SEULEMENT "PANCHIRA" ▽ !

COMIC

NON, JE PENSE QUE C'EST JUSTE UNE COÏNCIDENCE...

NE ME DIS PAS QUE ÇA FAIT PARTIE DES CALCULS DE NANAMINE...

DU COUP, IL EST POSSIBLE QU'IL NE SOIT PLUS NOTRE RESPONSABLE ÉDITORIAL...

DE PLUS, SI JAMAIS "PANCHIRA" ▽ EST ADAPTÉ EN SÉRIE, CE SERA LA TROISIÈME POUR M. HATTORI...

DE PLUS, LES NEMUS POUR LA SÉRIE DE "PANCHIRA FIGHT" ▽ DÉJÀ RÉALISÉS JUSQU'AU CHAPITRE SEPT ONT OBTENU UNE NOTE MOYENNE DE 8,7. ON EST DONC TRÈS PROCHES.

CEUX DE LA MINISÉRIE DE "PANCHIRA FIGHT" ▽ AVAIENT OBTENU 8,2. C'EST DONC DE TRÈS BON AUGURE.

NOS TESTEURS ONT ATTRIBUÉ LA NOTE DE 8,9 AUX NEMUS POUR UNE SÉRIE DE "T&S" ♡.

LE NIVEAU POUR TROIS SÉRIES POTENTIELLES...

CES TROIS PAQUETS DE NEMUS ONT LE NIVEAU SUFFISANT POUR PASSER AVEC SUCCÈS EN RÉUNION ÉDITORIALE.

ENFIN, LES NEMUS POUR UNE SÉRIE DE "SAMURAÏ BUTTER KILL" ⚫ ONT ÉTÉ NOTÉS TOUT À L'HEURE, ET ON EST ENCORE AU-DESSUS DE HUIT AVEC 8,1 DE MOYENNE.

?

J'IGNORE EN EFFET COMMENT RÉAGIRA LA RÉDACTION EN L'APPRENANT, MAIS...

SI LA RÉDACTION DU JUMP DÉCOUVRE MAINTENANT CE QUE NOUS FAISONS, ÇA PEUT ÊTRE EMBÊTANT, NON ? NE VALAIT-IL PAS MIEUX ATTENDRE QUE NOUS AYONS DÉCROCHÉ UNE SÉRIE ?

... POURQUOI AVEZ-VOUS PARLÉ DE VOTRE SOCIÉTÉ À ASHIROGI SI RAPIDEMENT ?

MONSIEUR LE PRÉSIDENT...

POUR CETTE FOIS, C'EST MOI QUI PRENDRAI SEUL CETTE DÉCISION. VOUS POUVEZ VOUS RETIRER, HIBIKI-SENSEI.

VOUS NE COMPTEZ PAS SOUMETTRE LES TROIS MANGAS ?!

!?

FLAP

C'EST MOI QUI VAIS DÉCIDER AVEC QUELS MANGAS ON POSTULE À LA PROCHAINE RÉUNION.

ENTEN-DU...

HE HE

POUR DES NÉMUS PRÉTENDUMENT DESTINÉS À UN JEUNE AUTEUR QUI FERA SES DÉBUTS, C'EST LARGEMENT SUFFISANT... OUI !

C'EST DINGUE... MÊME MOI, JE TROUVE ÇA TRÈS BIEN FAIT...

LE GRAND JOUR APPROCHE !!

CLING

ALLEZ ! ÇA VA MARCHER !

FLAP

LES CINQ CHAPITRES DESTINÉS À PASSER EN RÉUNION ÉDITORIALE SONT PRÊTS, MAIS... ON NE ME LES A PAS ENCORE DONNÉS...

C'EST À PROPOS DES NEMUS DE "PANCHIRA FIGHT"...

EN FAIT, À CE STADE, LORSQUE JE DISCUTE AVEC VOUS, MES NEMUS SONT DÉJÀ TERMINÉS, ALORS...

SANS NEMUS, DISCUTER AVEC MOI NE SERT À RIEN ?

EN TANT QU'ÉDITEUR, J'AI AUSSI MA FIERTÉ...

?

MONSIEUR AZUMA...

72

...C'EST-À-DIRE QUE...

EUH...

PUISQUE VOUS N'AVEZ PAS ENCORE VOS NEMUS, J'AIMERAIS QU'ON EN FASSE D'AUTRES ENSEMBLE !

J'IGNORE SI ON PEUT FAIRE MIEUX QUE LES AUTRES NEMUS, MAIS, AUTANT QUE POSSIBLE, J'AI ENVIE D'ESSAYER D'EN FAIRE AVEC VOUS !

NORMA-LEMENT, C'EST DE CETTE MANIÈRE QUE NOUS, ÉDITEURS... ENFIN, MOI, JE RESTE PERSUADE QUE C'EST AINSI QUE L'ON DOIT PROCÉDER.

!

MAIS... JE ME SUIS ENGAGÉ CONTRACTUELLEMENT AVEC LA SOCIÉTÉ... JE SUIS OBLIGÉ DE TRAVAILLER SUR LES NEMUS FOURNIS...

SI J'Y APPORTE TROP DE MODIFICATIONS, JE PENSE QU'ON NE M'EN DONNERA PLUS.

CA... C'EST IMPOS- SIBLE !

AU CONTRAIRE, MOI, ÇA M'ARRANGE. FAISONS ÇA TOUS LES DEUX !

PEU IMPORTE QU'ON NE VOUS APPROVI- SIONNE PLUS.

SI NOUS TRAVAILLONS DESSUS, JUSTE VOUS ET MOI, J'AURAI DES ENNUIS !

"PANCHIRA FIGHT" EST UNE HISTOIRE CRÉÉE PAR LA SOCIÉTÉ...

AVANT LA PROCHAINE RÉUNION ÉDITORIALE, JE VAIS EXPLIQUER À MES SUPÉRIEURS QUELLE EST LA MÉTHODE UTILISÉE POUR LA CRÉATION DE "PANCHIRA FIGHT".

... CE SERA COMPLIQUÉ.

CERTES... S'IL FAUT TOUT FAIRE VÉRIFIER À CHAQUE FOIS...

SI LA MARGE DE MANŒUVRE SUR LES NEMUS EST AUSSI MINCE, MON RÔLE SE LIMITERA À RÉCUPÉRER VOS PLANCHES TERMINÉES.

S'ILS ACCEPTENT, IL N'Y AURA PLUS D'INTÉRÊT À CE QUE JE CONTINUE À ÊTRE VOTRE RESPONSABLE...

SI JAMAIS ILS REFUSENT DE TRAVAILLER AINSI, IL FAUDRA RENONCER À UNE SÉRIE.

ON SE SERT DE MOI... !

IL L'A DIT À ASHIROGI... TOUT CE QU'IL FAIT ACTUELLEMENT N'A QU'UN SEUL BUT : BATTRE MUTO ASHIROGI...

... IL EST CLAIR QUE NANAMINE SE SERT DE VOUS.

C'EST POUR ÇA QUE JE ME TROUVAIS MINABLE...

JE NE SUIS PAS SI NAÏF... JE M'EN DOUTAIS...

ET À PLUS FORTE RAISON SI VOUS-MÊME, VOUS VOUS TROUVEZ MINABLE.

TOUT ÇA POUR SERVIR LA VENGEANCE DE NANAMINE... L'AIDER DANS CETTE ENTREPRISE N'ABOUTIRA À RIEN DE BON.

"PANCHIRA FIGHT" AURA ÉTÉ L'OCCASION DE VOUS RELANCER ! QU'EN DITES-VOUS ?

SI, MALGRÉ TOUT, VOUS N'ÊTES PAS À L'AISE, JE VOUS TROUVERAI UN VRAI SCÉNARISTE.

NE DITES PAS ÇA ! IL FAUT D'ABORD ESSAYER !

MAIS ENFIN... JE N'AI PLUS LA FORCE POUR...

POURQUOI NE PAS REPARTIR DE ZÉRO, CLAIREMENT, ENSEMBLE ?

RÉALISER "PANCHIRA FIGHT" ALORS QUE VOUS CONNAISSEZ LES INTENTIONS DE NANAMINE...

... EST-CE VRAIMENT CE QUE VOUS VOULEZ ? PERSONNELLEMENT, EN TANT QU'ÉDITEUR, EN TANT QU'HOMME, J'AI PERDU TOUTE ENVIE À L'ÉGARD DE CE MANGA.

MOI AUSSI, VU SON FORT POTENTIEL, J'AURAIS ENVIE DE LE POUSSER DAVANTAGE, MAIS...

JE COMPRENDS, OUI... C'EST DOMMAGE... ÇA DONNE ENVIE DE CONTINUER...

"PANCHIRA FIGHT" A EU DE BONS RÉSULTATS... JE NE ME SENS PAS CAPABLE DE FAIRE MIEUX...

...

... PENSEZ-VOUS QUE CELA RENDE TARÔ KAWAGUCHI HEUREUX ?

...

VOILÀ... JE SUIS DÉSOLÉ, JE DOIS MAINTENANT M'EN ALLER...

ÉVIDEMMENT, SI VOUS OPTEZ POUR "PANCHIRA", JE FERAI TOUT MON POSSIBLE POUR AVOIR L'APPUI DE MES SUPÉRIEURS.

OU VOULEZ-VOUS RELEVER LE DÉFI EN REPARTANT DE ZÉRO...?

VOULEZ-VOUS ABSOLUMENT FAIRE "PANCHIRA FIGHT"...?

JE VOUS DEMANDE DE BIEN Y RÉFLÉCHIR.

PAS MOI.

NANAMINE SE SERT DE VOUS.

POURQUOI NE PAS FAIRE CE MANGA ENSEMBLE ?

SHUU... SHUU...

QU'EST-CE QU'IL RACONTE ? J'AI CINQUANTE ANS...

REPARTIR DE ZÉRO AVEC MOI...

C'EST BIEN BEAU, MAIS MOI...

...

MONSIEUR KAWAGUCHI... JE VAIS REPRENDRE VOTRE RÊVE...

PAS QUESTION DE RENONCER !

PENSEZ-VOUS QUE CELA RENDE TARO KAWAGUCHI HEUREUX ?

* LA LÉGENDE DES SUPERHÉROS.

QUE DOIS-JE FAIRE...? MONSIEUR KAWAGUCHI...

HUM

J'ÉCRASERAI "PCP" ET MUTO ASHIROGI.

CRAK !

JE CROIS QUE ÇA SUFFIT POUR AUJOURD'HUI.

...

11:03:48

CRAK !

CLANG

BRRRR PLAF

CLACK !

!?

MASHIRO-SENSEI ?

JE SUIS AZUMA... MIKIHIKO AZUMA.

AZUMA-SENSEI ?!

VOILÀ.

...

MERCI...

BONJOUR LES SILENCES...

IL EST ENCORE MOINS BAVARD QUE MOI...

...

L'ATELIER N'A PAS CHANGÉ, N'EST-CE PAS ?

NE VOUS EXCUSEZ PAS ! JE SUIS TRÈS HEUREUX QUE VOUS PENSIEZ ENCORE À MON ONCLE.

J'ÉTAIS SORTI POUR RÉFLÉCHIR SUR MOI-MÊME, EN TANT QUE MANGAKA... J'AI MARCHÉ ET JE ME SUIS RETROUVÉ ICI... JE SUIS DÉSOLÉ.

NON... NE VOUS EN FAITES PAS, IL M'ARRIVE DE RENTRER BIEN PLUS TARD QUE ÇA.

!?

JE SUIS DÉSOLÉ.

J'IGNORE SI C'EST VRAI, MAIS, D'APRÈS MES PARENTS, IL SERAIT MORT LA PLUME À LA MAIN.

ON M'A RACONTÉ QUE M. KAWAGUCHI AVAIT DESSINÉ SES MANGAS ICI JUSQU'À SA MORT...

VRAIMENT, JE...

SNIF

JE L'AI MOI-MÊME VU, ET IL Y A UNE QUANTITÉ INCROYABLE DE NEMUS DANS LE PLACARD...

APRÈS L'ARRÊT DE SA DERNIÈRE SÉRIE, IL PASSAIT TOUT SON TEMPS ICI À RÉALISER SES NEMUS OU SES PLANCHES OU, ÇA, C'EST SÛR.

LA PLUME À LA MAIN ?

JE SUIS SINCÈREMENT DÉSOLÉ !

"PANCHIRA FIGHT" EST TRÈS BIEN ! TENEZ BON !

QUE... QUE RACON-TEZ-VOUS LÀ ?

JE...

... NON...

VU MON ÂGE, TOUT CE QUE JE PEUX FAIRE, C'EST M'ACCROCHER À "PANCHIRA FIGHT"...

JE N'AI PLUS ASSEZ CONFIANCE EN MOI...

CE N'EST PAS POS-SIBLE...

CE MANGA...

NON, CE N'EST PAS ÇA...

AZUMA, J'ÉCOUTE.

QUOI ?!

NANAMINE...!

ÇA TOMBE MAL...

EX-CU-SEZ-MOI...

JE VOUS EN PRIE...

BRR... BRR... BRR... BRR...

82

... NOUS NE VOUS EN FOURNIRONS PLUS DÉSORMAIS.

JE VOUS APPELLE À PROPOS DES NEMUS DE "PANCHIRA FIGHT"...

À BIEN Y RÉFLÉCHIR, IL A RAISON. CELA NOUS METTRA DANS UNE POSITION DÉLICATE.

POSTULER POUR UNE SÉRIE SANS JAMAIS AVOIR PARLÉ DE NOTRE SOCIÉTÉ AVANT, CE SERA MAL VU...

HIBIKI-SENSEI M'A FAIT UNE REMARQUE TRÈS JUDICIEUSE...

ON S'EST POURTANT ENTENDUS POUR PRÉSENTER LE MANGA À LA RÉUNION ÉDITORIALE DE CE MOIS-CI...

QUOI ?! QU'EST-CE QUE ÇA VEUT DIRE !?

PAR CONTRE, DANS VOTRE MANGA COMME DANS CEUX DES AUTRES DESSINATEURS, LE NOM DE LA SOCIÉTÉ A ÉTÉ CACHÉ, ET CELA DISCRÉDITE NOTRE TRAVAIL...

C'EST POUR CETTE RAISON QUE NOUS NE FOURNIRONS PLUS DE NEMUS.

EN CONSÉQUENCE, EN TANT QUE PRÉSIDENT DE LA SOCIÉTÉ, JE PENSE QU'IL FAUT QUE JE MONTRE L'EXEMPLE.

SI LES GENS QUE J'EMPLOIE ME FOURNISSENT DES NEMUS QUE J'UTILISE POUR MON MANGA, LÀ, ÇA NE POSERA AUCUN PROBLÈME.

...

NANAMINE SE SERT DE VOUS.

TAC TAC TAC

MAIS ENFIN...

DÉSORMAIS, ILS VONT POUVOIR SE CONSACRER PLEINEMENT AUX NEMUS DESTINÉS À MON PROPRE MANGA.

GRÂCE À VOUS, J'AI PU RECRUTER SEIZE DESSINATEURS DE NEMUS TALENTUEUX, ET JE SUIS MAINTENANT SÛR DE LEURS CAPACITÉS.

PAS DU TOUT. LA PREMIÈRE ÉTAPE, C'EST D'OBTENIR DE BONS RÉSULTATS POUR FAIRE CONNAÎTRE ET APPRÉCIER LE TRAVAIL DE LA SOCIÉTÉ.

ET MOI, MAINTENANT ? JE FAIS QUOI DE "PANCHIRA FIGHT"...?

!

PETIT ENFOIRÉ... TU AVAIS TOUT PRÉVU DEPUIS LE DÉBUT, ET TU T'ES SERVI DE NOUS POUR TESTER TES SEIZE DESSINATEURS DE NEMUS !

QUE FAIS-TU AVEC M. AZUMA ?

TIENS ! CETTE VOIX... MASHIRO-SENSEI ?

NANA-MINE !

AZUMA-SENSEI, VOUS PERMETTEZ QUE JE LUI PARLE ?

BAM

Les planches terminées !

BAKUMAN - VOL. 17
Du découpage à
la planche finie
Épisode 146 -
pages 84-85

OUI, BIEN SÛR...

SAIKÔ, TOUT COMME MOI, TU AS VU SON SYSTÈME DE CRÉATION... C'EST TRÈS BIEN PENSÉ, IL FAUT LE RECONNAÎTRE.

AH ! ÇA... JE NE LUI PARDONNERAI JAMAIS.

TU LUI AS DIT UN TRUC AUSSI COOL QUE ÇA !?

QUOI ?!

LE LEN-DE-MAIN...

CRAT CRAT CRAT CRAT CRAT CRAT CRAT

IL N'Y A AUCUNE CHANCE QU'IL SOIT HORS SUJET OU QUE LA SÉRIE PARTE DANS UNE MAUVAISE DIRECTION...

OUI, MAIS... LE FAIT QU'IL DISPOSE DE TESTEURS, C'EST UN POINT FORT POUR LUI...

... MAIS "PCP" EST TOUJOURS DANS LE HAUT DU CLASSEMENT.

MÊME SI NANAMINE DÉCROCHE UNE SÉRIE, ON RESTERA DEVANT LUI.

SHÛJIN, TOI AUSSI, TU LUI AS DIT QU'ON GAGNERAIT, NON ?

APRÈS TOUT CE QU'IL A FAIT, S'IL N'OBTIENT PAS UNE SÉRIE, CE SERA EMBÊTANT...

ENFIN, POUR L'INSTANT, SA SOCIÉTÉ S'ACTIVE POUR LUI, MAIS IL N'A PAS DÉCROCHÉ DE SÉRIE POUR AUTANT...

EN THÉORIE, OUI, MAIS EN RÉALITÉ, ON NE VA PAS LEUR FAIRE LIRE NOS NEMUS.

SI LES TESTEURS METTENT UNE NOTE DE 95 SUR 100 AUX NEMUS DE NANAMINE, À NOUS DE FAIRE DES NEMUS DE "PCP" QUI OBTIENDRONT ENCORE UN MEILLEUR SCORE !

MÊME SI C'ÉTAIT AVEC UNE AIDE EXTÉRIEURE, JE SUIS QUAND MÊME FIER D'AVOIR EU UNE MINISÉRIE PUBLIÉE DANS LE JUMP...

BON... ALORS VOILÀ...

ASHIROGI M'A UN PEU RACONTÉ AU TÉLÉPHONE CE QUI S'ÉTAIT PASSÉ.

AZUMA

NHK

JE N'AI PAS LA FORCE NÉCESSAIRE POUR FAIRE UNE SÉRIE DANS LE JUMP...

JE PENSE POUVOIR PORTER UN REGARD OBJECTIF SUR MA SITUATION.

VOUS N'ÊTES PAS PLUS AMER QUE ÇA ?

ÇA VOUS SUFFIT ?

!

J'AI BIEN RÉFLÉCHI ET J'AI ESSAYÉ DE TROUVER DES IDÉES DE SCÉNARIOS QUI CONVIENDRAIENT BIEN À VOTRE STYLE.

SAT

JE VOUS L'AI DÉJÀ DIT : CONSIDÉREZ "PANCHIRA FIGHT" COMME L'OPPORTUNITÉ DE REVENIR DANS LE CIRCUIT. C'EST MAINTENANT QU'IL FAUT RELEVER LES DÉFIS.

...

QU'EST-CE QUE VOUS RACONTEZ ? ALLEZ ! TENTONS LE COUP !!

J'APPRÉCIE L'INTENTION, MAIS...

MERCI BEAUCOUP...

... CE QUE VOULAIT DIRE EIJI.

LE RECYCLAGE, C'EST BIEN ! CONSOMMER ET JETER, C'EST MAL.

MOI, J'AI FINI PAR COMPRENDRE...

QUOI ?! C'EST UNE BLAGUE ?!

NANAMINE N'AURAIT PAS DÛ CACHER L'EXISTENCE DE SA SOCIÉTÉ... DORÉNAVANT, IL PARAÎT QU'IL VA DESSINER LUI-MÊME LES MANGAS.

EIJI, NOTRE MAÎTRE À TOUS... IL N'EST PAS HUMAIN.

...

JE N'AIME PAS ÇA...

SLURP

Tu as encore des pâtes dans le nez.

OUI, PROBABLE-MENT...

POURQUOI IL N'A PAS FAIT ÇA DÈS LE DÉPART !? IL S'EST SERVI DE MANGAKAS EXPÉRIMENTÉS POUR FAIRE DES TESTS, C'EST ÇA ?!

NON. ARAI-SENSEI A RACONTÉ À SON RESPONSABLE TOUT CE QU'IL AVAIT CACHÉ, ET NANGOKU-SENSEI EST VENU À LA RÉDACTION PRÉSENTER SES EXCUSES.

AUTREMENT DIT, CERTAINS PENSENT QU'IL S'EST SCIEMMENT SERVI DES DESSINATEURS VÉTÉRANS...

C'EST DÉGUEULASSE...

SI JAMAIS NANAMINE DÉCROCHE UNE SÉRIE, JE VENDRAI CHER MA PEAU !

C'ÉTAIT DONC ÇA ?

JE REFUSE DE PERDRE CONTRE QUELQU'UN COMME LUI !!

LE GENRE D'ATTITUDE QUE JE DÉTESTE LE PLUS !

... AVEC CETTE MÉTHODE DE CRÉATION, MON MANGA N'AVAIT AUCUNE CHANCE DE GAGNER.

D'UN AUTRE CÔTÉ, C'EST MIEUX AINSI : SI TOUS LES AUTEURS QUI ONT DESSINÉ UNE HISTOIRE COMPLÈTE AVAIENT EU UNE SÉRIE...

C'EST DOMMAGE...

UCHIDA VISAIT UNE SÉRIE AVEC "T8S"...

NON... MAIS... C'EST UNE FAÇON DE PARLER...

ILS FONT ENCORE ÇA À LEUR ÂGE ?! QUI M'A DIT QU'IL SUFFISAIT DE SE DONNER À FOND QUAND ON AVAIT LA TRENTAINE POUR POUVOIR VIVRE SANS TRAVAILLER LE RESTANT DE SES JOURS ?!

DES QUINQUAS ?!

ENFOIRÉ !

DES MANGAKAS VÉTÉRANS QUADRAS ET QUINQUAS QUI N'AVAIENT JAMAIS CONNU DE GROS SUCCÈS SE SONT DONNÉS À FOND PARCE QU'ILS AVAIENT UNE CHANCE DE DÉCROCHER UNE SÉRIE, MAIS ILS ONT ÉTÉ TOTALEMENT ABANDONNÉS, ET C'EST TA SEULE REMARQUE ?

...

LA PREUVE DE VOTRE TALENT EST DÉSORMAIS FAITE.

JE VOUS FÉLICITE TOUS, BRAVO.

CEPENDANT...

GRR

TOUS LES MANGAS QUE NOTRE SOCIÉTÉ A PRODUITS ET QUI ONT ÉTÉ PUBLIÉS DANS LE JUMP ONT EU DE BONS RÉSULTATS.

... LA RÉDACTION DU JUMP MANQUE D'OUVERTURE D'ESPRIT POUR ACCEPTER DES MANGAS CRÉÉS AVEC L'APPUI D'UNE SOCIÉTÉ DE PRODUCTION COMME LA NÔTRE.

BROUHAHA

QUOI? ON N'A PAS PU LUI DIRE ÇA...

"PANCHIRA FIGHT" NE SERA PAS ADAPTÉ EN SÉRIE !?

...

BROUHAHA

MAIS ENFIN...

QUOI?

MÊME EN CONTINUANT AINSI, LE MANGA D'AZUMA-SENSEI N'AURAIT PAS DÉCROCHÉ DE SÉRIE...

SI NOUS AVIONS RÉVÉLÉ NOTRE EXISTENCE, LES MANGAS N'AURAIENT PAS ÉTÉ PUBLIÉS...

BROUHAHA

CEPENDANT...

– POUR VOUS ET VOTRE AVENIR...

POUR AZUMA-SENSEI, VICTIME DE LEUR ENTÊTEMENT...

NOUS ALLONS AVANCER LA TÊTE HAUTE ET, GRÂCE AUX MANGAS DE SHINJITSU CORPORATION, NOUS ALLONS TOUT FAIRE POUR QUE CES ÉDITEURS TÊTUS FINISSENT PAR CHANGER D'AVIS !

– NOUS ALLONS CONTINUER À PROPOSER DE FANTASTIQUES MANGAS !

– J'AI DÉCIDÉ, MOI, TÔRU NANAMINE, PRÉSIDENT DE LA SOCIÉTÉ, DE PRENDRE LA PLUME !

BAM

– GRÂCE À NOTRE PROCHAIN MANGA.

– RENFORÇONS LA POSITION DE NOTRE SOCIÉTÉ AUPRÈS DE LA RÉDACTION DU JUMP...

MONTRONS-LEUR TOUT NOTRE TALENT...

OUI...

C'EST LUI QUI L'A CONGÉDIÉ...

UNE VICTIME...?

ざわ...

OOH

L'HEURE EST VENUE DE METTRE NOTRE EXPÉRIENCE À PROFIT ET D'UNIR NOS FORCES POUR ÉPATER LA RÉDACTION DU JUMP !!

... LE PREMIER MANGA DE LA NOUVELLE SHINJITSU CORPORATION !!

SI !
SI C'EST BIEN,
PEU IMPORTE
LA MANIÈRE
DONT IL EST
RÉALISÉ !!

BROUHAHA

NON !
IL NE SUFFIT
PAS QU'UN MANGA
SOIT BON POUR
QU'ON ACCEPTE
TOUT !

BROUHAHA

...NEN JUMP

...P SQUARE

...Y JUMP

BROUHAHA

BROUHAHA

IL NOUS
A CACHÉ
QUE LES
NEMUS
N'ÉTAIENT
PAS DE
LUI.

PEUT-ÊTRE,
MAIS LE
PROBLÈME
VIENT
AUSSI
D'AZUMA-
SENSEI.

UTILISER DES
MANGAKAS VÉTÉRANS
POUR SERVIR SES
PROPRES INTÉRÊTS...
JE NE SUIS PAS SÛR
D'AVOIR ENVIE QU'ON
PUBLIE LES MANGAS
D'UN TYPE PAREIL,
MÊME S'ILS
SONT BIEN !

BROUHAHA

PERSON-
NELLEMENT,
JE PENSE
QU'IL FAUT
PLUTÔT LES
CONSIDÉRER
COMME DES
VICTIMES.

BROUHAHA

ALORS,
LES AUTEURS
QUI ONT CACHÉ
ÇA DOIVENT
ÊTRE ÉCARTÉS,
TOUT COMME
NANAMINE ?

ÇA,
C'EST
VRAI !

HUM...

...

IL N'A
PLUS DE
RÔLE À
JOUER...

ET
KOSUGI
DANS
TOUT
ÇA...?

EN TOUT CAS,
IL FAUT REFUSER
CETTE MÉTHODE ! S'ILS
SE PRÉSENTENT AVEC
DES NEMUS POUR UNE
SÉRIE, IL NE FAUT PAS
LES RECEVOIR !!

... AVANT TOUT, IL FAUT QUE LA RÉDACTION DÉFINISSE CLAIREMENT SA POSITION SUR CE SUJET...

...

OUI, D'ACCORD, MAIS...

JE... JE VAIS ESSAYER D'EN PARLER AVEC NANAMINE.

HÉ ! HO !

PUISQU'ON PEUT LES LAISSER DESSINER, C'EST BIEN PLUS FACILE, NON ?

...

MAIS ENFIN, YAMAHISA ! IL S'EST PAYÉ LA TÊTE D'AUTEURS VÉTÉRANS, DE KOSUGI, ET MÊME DE LA RÉDACTION ! IL Y A DE QUOI ÊTRE TRÈS ÉNERVÉ !!

ON A QUELQU'UN QUI EST PRÊT À DÉPENSER DE GROSSES SOMMES D'ARGENT POUR FAIRE UN BON MANGA.

MOI, JE TROUVE QU'ON DEVRAIT PLUTÔT SE RÉJOUIR DE LA SITUATION...

N'EST-CE PAS ?!

CE NE SONT PAS "DES DÉTAILS" !!

ET S'IL VA VOIR UN AUTRE MAGAZINE ET QUE SON MANGA DEVIENT UN BEST-SELLER, ON FAIT QUOI ? AU LIEU DE S'ARRÊTER À DES DÉTAILS, CONSIDÉRONS QU'ON VA, NOUS AUSSI, SE SERVIR DE LUI, ET PUIS C'EST TOUT.

CERTES, C'EST DOMMAGE POUR "PANCHIRA FIGHT", MAIS J'AI DE SÉRIEUX DOUTES SUR L'EFFICACITÉ DE CE SYSTÈME À LONG TERME.

PERSONNELLEMENT, JE N'AI PAS ENVIE QU'ILS DESSINENT CES MANGAS.

INVESTIR BEAUCOUP D'ARGENT NE SUFFIT PAS POUR PARVENIR À CRÉER DE BONS MANGAS À CHAQUE FOIS...

LE TIMING ET LA CHANCE COMPTENT AUSSI...

DEVENIR MANGAKA N'EST PAS DONNÉ À TOUT LE MONDE, IL NE SUFFIT PAS DE LE VOULOIR. LÀ, C'EST PAREIL...

MOI, J'ADMETS QUE ÇA M'EMBÊTE SÉRIEUSEMENT DE VOIR UN PETIT JEUNE FAIRE TOUT CE QU'IL VEUT...

MOI, J'AIME LES MANGAS DANS LESQUELS ON RESSENT LES EFFORTS, L'ÉNERGIE ET LES SENTIMENTS DE L'AUTEUR. C'EST TOUT.

MONSIEUR YOSHIDA... JE VOUS AVAIS IMAGINÉ PLUS AVANT-GARDISTE QUE ÇA...

JE DOUTE FRANCHEMENT DE LA MÉTHODE DE NANAMINE. IL FAUDRAIT D'ABORD CONFIER CHAQUE CHAPITRE DE NEMUS À UNE SEULE PERSONNE.

KOSUGI, VIENS.

DE TOUTE FAÇON, DISCUTER DE LA SORTE ENTRE NOUS N'AVANCE À RIEN.

...

... QUE PENSEZ-VOUS DE LA MÉTHODE DE NANAMINE ?

MONSIEUR LE DIRECTEUR...

BIEN SÛR ! ET PUIS TAIS-TOI UN PEU, TOI !

LA BONTÉ COMPTE-T-ELLE CHEZ UN AUTEUR ?

CELA POSE PROBLÈME EN TANT QU'AUTEUR, MAIS SURTOUT EN TANT QU'HOMME.

JE N'AIME PAS SON PROCÉDÉ.

?

JE N'AIME PAS SA MANIÈRE DE PROCÉDER, MOI NON PLUS, MAIS...

BAM

EN EFFET...

DANS CE CAS, NANAMINE N'A PAS SA PLACE CHEZ NOUS...?

... ET DE FUKUDA.

C'EST AUSSI LE CAS DE TAKAHAMA...

... ASHIROGI AIMERAIT QUE NANAMINE AIT UNE SÉRIE ! IL ASPIRE À L'AFFRONTER.

SUR CE POINT, IL A DIT UN TRUC BIZARRE...

AU FAIT, ET NIIZUMA ?

TILT

AOKI TROUVE AUSSI SA CONDUITE IMPARDONNABLE...

AUTREMENT DIT, LE SEUL MEMBRE DU CLAN FUKUDA À NE PAS VOULOIR L'AFFRONTER, C'EST HIRAMARU... QUEL POLTRON !

102

"MAIS" ?

Mais...

JE VOIS.

PARCE QUE JE N'AI PAS ENVIE DE ME RETROUVER DANS LE JUMP À CÔTÉ DE QUELQU'UN QUI N'AIME PAS SON PROPRE MANGA.

RIDICULE ? POUR-QUOI ?

VOULOIR AFFRONTER NANAMINE SÉRIEUSEMENT SERAIT RIDICULE.

CRAT

GR!!!

... JE SUIS SÛR QU'ASHIROGI-SENSEI EST FERMEMENT DÉCIDÉ À L'AFFRONTER ! J'AI ENVIE QU'IL LE FASSE ET QU'IL LE BATTE !

EN TANT QUE RESPONSABLE DE NANAMINE, SOUHAITES-TU QU'IL AIT UNE SÉRIE ?

KOSUGI, QUEL EST TON AVIS ?

CELA PEUT ÊTRE UNE BONNE OCCASION POUR NOS JEUNES AUTEURS DE MÛRIR ENCORE UN PEU !

SI TOUT LE MONDE A ENVIE DE L'AFFRONTER, C'EST PLUTÔT MARRANT, NON ?

JE T'AI DIT DE TE TAIRE !

...

ET DEPUIS, PLUS RIEN...

EN RÉALITÉ, LORSQUE SA SÉRIE A PRIS FIN, NANAMINE M'A DIT : "DÈS QUE J'AURAI TERMINÉ MES NEMUS, JE PROMETS DE VENIR VOUS LES MONTRER..."

ENSUITE, JE SERAI TOUJOURS PRÊT À TOUT DONNER POUR QU'ON ARRIVE ENSEMBLE À AMÉLIORER SON TRAVAIL.

... SI UN AUTEUR VIENT ME MONTRER SES NEMUS, J'ACCEPTERAI TOUJOURS DE LES REGARDER !

QUELLE QUE SOIT LA MÉTHODE DE CRÉATION ADOPTÉE...

...

SI, JUSTEMENT, JE NE VEUX PAS EN RESTER LÀ.

KOSUGI, IL S'EST FICHU DE TOI, TU N'AS PAS À TE FORCER À CE POINT.

...

Blp ! Blp !

KOSUGI, TÉLÉPHONE À NANAMINE ET PASSE-LE-MOI.

!

QUOI ?!

LE DIRECTEUR ÉDITORIAL VEUT TE PARLER, JE TE LE PASSE.

VOUS TOMBEZ BIEN, J'ALLAIS JUSTEMENT VOUS APPELER.

BONJOUR, NANAMINE, C'EST KOSUGI.

OUI ! JE SUIS CONTENT DE VOUS ENTENDRE DIRE ÇA, ET ÇA NE M'ÉTONNE PAS DE VOUS ! MON PROCHAIN MANGA VA FAIRE UN CARTON !

J'AI CRU COMPRENDRE QUE TU AVAIS MIS AU POINT UNE TECHNIQUE DE RÉALISATION DE MANGA TRÈS ORIGINALE...

AH ! BONJOUR, MONSIEUR LE DIRECTEUR !

ICI, SASAKI.

EXACTE- MENT !

JE ME MOQUE DES SOMMES D'ARGENT QUE TU PEUX DÉPENSER POUR RÉALISER TON MANGA ET DÉCROCHER UNE SÉRIE, MAIS IL EST INACCEPTABLE QUE TU TE SERVES D'AUTRES AUTEURS.

JE N'EN AI AUCUNE ENVIE, ET ÇA NE M'INTÉRESSE PAS !!

D'AUTRES MAGAZINES ?

"PANCHIRA FIGHT" A ÉTÉ PREMIER, "T&S" DEUXIÈME, "SAMURAÏ BLITTER KILL" TROISIÈME, ET "LE SABRE QUI TRAVERSE LE TEMPS" SEPTIÈME... J'AI INVESTI ENCORE PLUS D'ARGENT SUR LE PROCHAIN MANGA, IL SERA ENCORE MEILLEUR QUE LES AUTRES... SE CLASSER DANS LE TOP TROIS SERA UN JEU D'ENFANT...

C'EST TRÈS AMUSANT...

PFF ?

VOUS VERREZ QUE J'EN SUIS CAPABLE ! MERCI !

ENTENDU ! DANS LES TROIS PREMIERS !

GRRRRR

!?

À TITRE PERSONNEL, JE N'AVAIS AUCUNE ENVIE DE PUBLIER UN DE TES MANGAS, MÊME UNE SIMPLE HISTOIRE COMPLÈTE, MAIS...

ADRESSE PLUTÔT TES REMERCIEMENTS À ASHIROGI, FUKUDA ET LES AUTRES...

ASHIROGI EST AUSSI LE CHOUCHOU DU DIRECTEUR ÉDITORIAL...

...

!

... ILS ONT TOUS ENVIE DE SE MESURER À TOI. ALORS, C'EST POUR EUX QUE JE TE DONNE UNE SECONDE CHANCE.

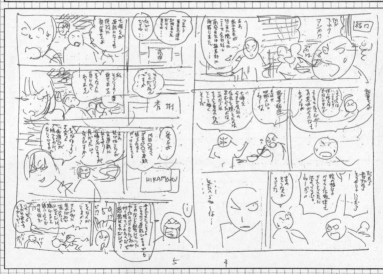

Les planches terminées !

BAKUMAN - VOL. 17
Du découpage à la planche finie
Épisode 147 -
pages 94-95

IL Y A UNE DEUXIÈME CONDITION.

!

...

D'ACCORD, C'EST ENTENDU.

CELA TOMBE SOUS LE SENS, MAIS TU DEVRAS MONTRER TES NÉMUS À KOSUGI.

S'IL NE DONNE PAS SON FEU VERT, TON HISTOIRE COMPLÈTE NE SERA PAS PUBLIÉE.

VOUS SAVEZ, J'AVAIS RÉELLEMENT L'INTENTION DE PRENDRE CONTACT AVEC M. KOSUGI.

Page 148
Tout pour le tout et histoire entière

DE TOUTE FAÇON, KOSUGI DOIT QUAND MÊME ÊTRE CAPABLE DE DIRE SI UN MANGA EST BIEN OU PAS.

OUI ! AUCUN PRO-BLÈME !

SI POSSIBLE, J'AIMERAIS QU'ON SE VOIE DÈS DEMAIN...

VOILÀ...

BIEN. JE TE LE PASSE.

LE DIRECTEUR LUI A CLAIREMENT DIT QU'IL ÉTAIT INTOLÉRABLE DE S'ÊTRE SERVI DE MANGAKAS VÉTÉRANS.

OUI... ENTRER DANS LE TOP TROIS AVEC UNE HISTOIRE COMPLÈTE...

EH BEN... C'EST UNE CONDITION TRÈS DIFFICILE...

LE LEN-DE-MAIN ...

SI J'Y PARVIENS, CE QUE NANAMINE LEUR A FAIT SUBIR N'AURA PAS ÉTÉ INUTILE.

MOI AUSSI. EN TANT QU'ÉDITEUR, J'AI TRÈS ENVIE DE PROUVER QU'UN AUTEUR PEUT DÉCROCHER UNE SÉRIE QUELS QUE SOIENT SON ÂGE ET SON EXPÉRIENCE.

AH BON ? J'ESPÈRE QUE TOUS LES AUTEURS VONT S'ACCROCHER.

ENFIN, ÇA A QUAND MÊME PERMIS DE PROUVER QUE LES MANGAS D'AZUMA NOTAMMENT POUVAIENT PLAIRE AUX LECTEURS SI L'HISTOIRE ÉTAIT BONNE. JE SUIS DONC SON RESPONSABLE ÉDITORIAL, MAIS...

ÇA, C'EST PARCE QU'IL A SU QUE VOUS AVIEZ ENVIE D'AFFRONTER NANAMINE.

CE SERAIT TROP CRUEL POUR EUX QU'ON EN RESTE LÀ.

QUOI ?!

EN TOUT CAS, LE DIRECTEUR ÉDITORIAL EST BIEN GENTIL DE DONNER ENCORE UNE CHANCE À NANAMINE APRÈS CE QU'IL A FAIT.

À L'HEURE QU'IL EST, ILS ONT DÛ EN ÊTRE INFORMÉS.

...

LE DIRECTEUR S'EST DONC DIT QU'IL POUVAIT BIEN FAIRE ÇA POUR VOUS.

ILS VEULENT TOUS SE MESURER À LUI AVEC LEURS MANGAS.

À VRAI DIRE, C'EST AUSSI LE CAS DE FUKUDA, DE TAKAHAMA, ET MÊME D'AOKI.

IMBÉCILE !! SI LE CLAN FUKUDA SQUATTE LES PREMIÈRES PLACES, L'AFFAIRE EST RÉGLÉE ! C'EST LARGEMENT À NOTRE PORTÉE !

AH... OUI... BIEN SÛR...

ÇA VEUT DIRE QU'ON NE PEUT SE CONTENTER DE VOIR "GIRI" CLASSÉ DEVANT LUI...

C'EST L'OCCASION POUR NOUS D'EN FINIR AVEC TÔRU NANAMINE !

OUAIS, COOL !

S'IL NE SE CLASSE PAS DANS LE TOP TROIS AVEC UNE HISTOIRE COMPLÈTE, IL DÉGAGE ?!

DOM

GRAAAAA

FUKUDA

BRRR

DE TOUTE FAÇON, LES NEMUS QUE RÉALISE LA SOCIÉTÉ DE NANAMINE SONT BIEN. PARS DU PRINCIPE QUE SON HISTOIRE SERA PUBLIÉE À COUP SÛR.

PFF ! LÀ, TU ME REFROIDIS...

CE N'EST PAS ENCORE FIXÉ, MAIS L'ANNÉE PROCHAINE PROBABLEMENT.

BON ! C'EST POUR QUAND, SON HISTOIRE ?

OUI... ON PEUT CONSIDÉRER QUE CETTE MÉTHODE DE CRÉATION DONNE SA PLEINE MESURE DANS LES HISTOIRES COMPLÈTES ET LE PREMIER CHAPITRE D'UNE SÉRIE.

SUR LES QUATRE HISTOIRES COMPLÈTES QU'IL AVAIT PRÉSENTÉES, "PANCHIRA FIGHT" COMPRIS, TROIS Y SONT DÉJÀ PARVENUES... ÇA FAIT UN TAUX DE RÉUSSITE DE 75 %.

TOUT À L'HEURE, JE VOUS AI DIT QUE LA CONDITION POUR SE CLASSER DANS LE TOP TROIS DU JUMP AVEC UNE HISTOIRE COMPLÈTE ÉTAIT DIFFICILE, MAIS EN FAIT, POUR NANAMINE, ÇA NE L'EST PAS TANT QUE ÇA...

L'HISTOIRE COMPLÈTE S'ÉTAIT CLASSÉE NUMÉRO UN... "LA CLASSE DE LA VÉRITÉ" ÉTAIT AUSSI TRÈS BIEN RÉALISÉE, ET IL FAUT BIEN RECONNAÎTRE QU'IL A CONSIDÉRABLEMENT AMÉLIORÉ SON SYSTÈME DE CRÉATION.

NANAMINE A BEAUCOUP DE TALENT. RAPPELEZ-VOUS SA PRÉCÉDENTE SÉRIE "UNE VIE SCOLAIRE..." ♪ : LE CHAPITRE UN AVAIT FRAPPÉ TRÈS FORT.

DE PLUS, IL DISPOSERA D'AU MOINS 45 PAGES, ET DE PAGES COULEUR... IL NE FAUT PAS S'ATTENDRE À GAGNER SI FACILEMENT.

JE SUPPOSE QU'IL VA DESSINER UN MANGA D'UN TRÈS BON NIVEAU.

C'EST VRAI ! "PANCHIRA FIGHT" S'EST CLASSÉ PREMIER AVEC L'HISTOIRE COMPLÈTE COMME AVEC LE PREMIER CHAPITRE DE LA MINISÉRIE...

* PANCHIRA FIGHT / SEXY BATTLE 45 P.

OUI... C'EST LA MEILLEURE APPROCHE.

OUI... SI ON VEUT LE BATTRE...

... IL FAUT L'AFFRONTER AVEC LE CHAPITRE CONTENANT LE POINT CULMINANT D'UNE HISTOIRE À SUIVRE DE "PCF" ... C'EST NOTRE STRATÉGIE HABITUELLE...

MONSIEUR HATTORI, ON NE SAIT PAS ENCORE DANS QUEL NUMÉRO SON HISTOIRE SERA PUBLIÉE ?

NON. D'AUTANT QUE LA PUBLICATION N'EST PAS GARANTIE À 100 %, MÊME SI JE PENSE QUE ÇA SE FERA.

SI LA DÉCISION DE PUBLICATION EST PRISE EN DÉBUT D'ANNÉE, ON PEUT PENSER QUE CE SERA EFFECTIF DANS LE NUMÉRO DE FIN FÉVRIER.

QU'Y A-T-IL, SAIKÔ ?

...

?

... MAIS PLUTÔT UNE HISTOIRE CONCLUSIVE EN UN CHAPITRE.

JE PENSE QUE, CETTE FOIS, ON N'A PAS INTÉRÊT À FAIRE UNE SÉRIE...

OUI... EN GÉNÉRAL, ÇA CORRESPOND À ENVIRON DEUX SEMAINES DE REPOS.

ON VA BIENTÔT ENTRER DANS LA PÉRIODE DES VACANCES DU NOUVEL AN...

NON, CE N'EST PAS ÇA. EN FAIT, JE PENSE QU'ON PEUT OPTIMISER LE TEMPS DES VACANCES.

ON N'A AUCUNE OBLIGATION DE FAIRE ÇA VIS-À-VIS DE LUI.

PARCE QUE TU VEUX UN DUEL LOYAL, À ARMES ÉGALES, PAR LE BIAIS D'HISTOIRES COMPLÈTES ?

POUR-QUOI ?

NON SEULEMENT C'EST DANS PLUS DE DEUX MOIS, MAIS EN PLUS, IL Y A DES VACANCES ENTRE-TEMPS.

IMAGINONS QUE SON HISTOIRE COMPLÈTE SOIT PUBLIÉE COMME LE SUPPOSE M. HATTORI À LA FIN DU MOIS DE FÉVRIER.

MOI, JE POURRAIS ENSUITE CONSACRER UN MOIS ENTIER POUR DESSINER LES MEILLEURES PLANCHES QUI SOIENT.

TOI, SHÛJIN, TU POURRAIS CONSACRER UN MOIS ENTIER POUR TENTER D'ÉCRIRE LA MEILLEURE HISTOIRE QU'ON AIT JAMAIS FAITE.

LORSQU'ON SAURA DANS QUEL NUMÉRO SON HISTOIRE SERA PUBLIÉE, ON N'AURA QU'À S'ARRANGER POUR TERMINER PROPREMENT L'HISTOIRE DE "PCP" DANS LE NUMÉRO PRÉCÉDENT.

ET LA SEMAINE SUIVANTE, ON AFFRONTERA L'HISTOIRE COMPLÈTE DE NANAMINE AVEC LA MEILLEURE HISTOIRE DE "PCP" QU'ON AIT JAMAIS FAITE !

...

TON IDÉE ME PLAIT, SAIKÔ.

BAM

SI L'HISTOIRE SE LIT EN UN CHAPITRE, MÊME CEUX QUI N'ONT PAS SUIVI "PCP" JUSQU'À PRÉSENT POURRONT LA LIRE !

JE VAIS COMMENCER DÈS MAINTENANT À RÉFLÉCHIR À CE SUPER-CHAPITRE !

BAM

JE ME DISAIS QU'IL NE SERAIT PAS ÉVIDENT DE GAGNER DES PLACES AU CLASSEMENT, ET J'ÉTAIS UN PEU INQUIET, MAIS LÀ, JE SUIS HYPERMOTIVÉ !

UNE MÉTHODE QUE D'AUTRES ONT ÉTRENNÉE AVANT NOUS ?

PERSONNE NE VOUS A EXPLIQUÉ CELA ET POURTANT, PAR VOUS-MÊMES, VOUS ABOUTISSEZ À L'UTILISATION D'UNE MÉTHODE QUE D'AUTRES AUTEURS ONT ÉTRENNÉE BIEN AVANT VOUS.

TRÈS BONNE IDÉE, OUI... MAIS JE SUIS VRAIMENT IMPRESSIONNÉ...

QU'EN DITES-VOUS, MONSIEUR HATTORI !?

ET PAS SEULEMENT POUR LES NOUVELLES SÉRIES, MAIS AUSSI POUR LES HISTOIRES COMPLÈTES... L'IDÉE EST D'AVOIR SOUS LA MAIN UN CHAPITRE SPÉCIAL À PUBLIER LORSQU'UN NOUVEAU RIVAL POTENTIEL SE PRÉSENTE.

DANS LES ANNÉES 90, C'ÉTAIT UNE PRATIQUE TRÈS RÉPANDUE CHEZ LES AUTEURS.

... AUJOURD'HUI ENCORE, CERTAINS AUTEURS GARDENT DE CÔTÉ LEURS MEILLEURES HISTOIRES POUR QU'ELLES SOIENT PUBLIÉES DANS LES NUMÉROS OÙ COMMENCE UNE NOUVELLE SÉRIE.

C'EST UN PEU DIFFÉRENT DE L'IDÉE DE MASHIRO, MAIS...

MAINTENANT QU'IL LE DIT, MON ONCLE AUSSI...

DANS LES ANNÉES 90... LES GAG MANGAS...

C'EST D'AUTANT PLUS FACILE POUR LES MANGAS DONT CHAQUE CHAPITRE EST CONCLUSIF. C'EST POUR ÇA QUE LE CAS ÉTAIT FRÉQUENT DANS LES GAG MANGAS.

BAM

ON VA SE DONNER À FOND PENDANT LES VACANCES POUR ÉCRIRE CE SUPER-CHAPITRE !

AH...

... OUI.

O.K. !!

BAM

...

TA "SPÉCIALE" ?

UNE NOUVELLE SÉRIE DE GAG MANGAS VA COMMENCER, ALORS, JE TRAVAILLE SUR MA SPÉCIALE QUE J'AVAIS GARDÉE AU CHAUD.

IL FAUT ABSOLUMENT QUE JE GAGNE CONTRE ASHIROGI-SENSEI.

TOUT CE QUE JE VOUS DEMANDE, C'EST DE NE PAS NOUS GÊNER.

OUI, C'EST SURPRENANT. FAIRE TOUT ÇA POUR DESSINER DES MANGAS...

ALORS ? LA VISITE DE LA SOCIÉTÉ VOUS A PLU ?

SHINJITSU
HIBIKI M.S
HIBIKI M.K

SI C'EST AINSI QUE TU VEUX LE VOIR, ÇA NE ME DÉRANGE PAS.

ICI, VINGT PERSONNES, ENSEIGNANTS Y COMPRIS, TRAVAILLENT SUR LES NEMUS, ET DEUX CENTS AUTRES SONT LÀ POUR LES TESTER. CELA FAIT DEUX CENT VINGT PERSONNES. JE CONSIDÈRE QUE VOUS ÊTES MON DEUX CENT VINGT ET UNIÈME CONSEILLER.

JE SUIS TON RESPONSABLE ÉDITORIAL, ET MON RÔLE CONSISTE À TE CONSEILLER POUR QUE TU FASSES LA MEILLEURE HISTOIRE COMPLÈTE POSSIBLE, ET POUR QUE TON MANGA PLAISE AU PLUS GRAND NOMBRE.

JE N'AI AUCUNE INTENTION DE TE GÊNER.

TOC TOC

C'EST MOI, HIBIKI.

CLAP

EN-TEN-DU...

BON ! JE N'AI PAS ENCORE DE NEMUS À VOUS MONTRER, ALORS, VOUS POUVEZ REPARTIR. JE VOUS RAPPELLERAI TRÈS PROCHAINEMENT.

CENT MILLIARDS ET LA JOLIE JEUNE FILLE
(TITRE PROVISOIRE)

VOICI LES NEMUS SUR LESQUELS VOUS ALLEZ TRAVAILLER. ILS ONT OBTENU LA NOTE DE 9,3.

9,3 ! WAOUH !

TENEZ !

VOILÀ CE QUE JE ME SUIS DIT, C'EST TOUT.

NOS SEIZE EMPLOYÉS S'AFFRONTENT POUR DE L'ARGENT. C'EST DONC UN THÈME QUI LEUR PARLE.

HÉ HÉ !

FLAP !

FLAP !

FLAP !

FLAP !

JE VOIS...

... ET JE CROIS QUE SA SIMPLICITÉ A ÉTÉ UN VÉRITABLE ATOUT CETTE FOIS.

VOILÀ L'IDÉE DE DÉPART...

C'EST VOTRE IDÉE ; UN JEU DANS LEQUEL DES GENS ORDINAIRES RISQUENT LEUR VIE POUR OBTENIR UNE GROSSE PRIME D'ARGENT ET UNE JOLIE JEUNE FILLE.

VLAM

HÉ HÉ

IL FAUT JUSTE QUE LA FIN SOIT PLUS ADAPTÉE À UNE HISTOIRE COMPLÈTE.

ET SI NOS TESTEURS ONT MIS 9,3, CE N'EST PAS POUR RIEN.

RIEN À REDIRE, C'EST TRÈS BIEN !

FLAP

OUI... AH...

LE LENDEMAIN...

AH... EUH...

BIEN.

COMMENT ÇA SE PASSE POUR ASHIROGI ?

* SHÛEISHA.

"UN CHAPITRE HORS-SÉRIE QUI N'EN EST PAS VRAIMENT UN"...

AH BON ? C'EST BIEN LE NEVEU DE TARÔ KAWAGUCHI...

MASHIRO M'A DIT QU'IL ALLAIT DÈS MAINTENANT TRAVAILLER SUR UN CHAPITRE CONCLUSIF, HORS-SÉRIE...

JE NE DEVRAIS PAS TE DIRE ÇA. ON VA M'ACCUSER DE FAIRE DU FAVORITISME...

AH... PARDON...

LORSQUE J'ÉTAIS LE RESPONSABLE ÉDITORIAL DE KAWAGUCHI SUR "LA LÉGENDE DES SUPERHÉROS", IL RÉPÉTAIT SOUVENT ÇA, ET IL MONTAIT DANS LE CLASSEMENT.

...

QUE VOULEZ-VOUS DIRE ?

"UN CHAPITRE HORS-SÉRIE QUI N'EN EST PAS VRAIMENT UN" ?

UN CHAPITRE HORS-SÉRIE QUI N'EN EST PAS UN...

?

OUI...

ALORS ?

NANAMINE... IL N'A QUAND MÊME PAS DÉJÀ APPORTÉ SES NÉMUS...

SEULE CONDITION POUR PARTICIPER AU CONCOURS : ÊTRE UN HOMME ÂGÉ ENTRE 18 ET 25 ANS.

LA FILLE UNIQUE DU PRÉSIDENT D'UNE GRANDE SOCIÉTÉ DE TECHNOLOGIE INFORMATIQUE... SEIZE ANS, ET D'UNE BEAUTÉ INCONTESTABLE... SON PÈRE ANNONCE SUR TOUS LES GRANDS MÉDIAS QU'IL LANCE UN GRAND CONCOURS POUR DÉSIGNER LE MARI DE SA FILLE. LE GAGNANT RECEVRA 100 MILLIARDS DE YENS ET ÉPOUSERA SA FILLE.

...

DERRIÈRE DES COMBATS ÉPIQUES DANS LESQUELS LES CANDIDATS IRONT AU BOUT DE LEUR INTELLIGENCE, DE LEUR FORCE PHYSIQUE, IL Y A EN APPARENCE DES PERSONNES VENUES ICI MOTIVÉES PAR L'ARGENT ET CETTE BELLE JEUNE FILLE, MAIS LA PRÉVENANCE DES UNS ENVERS LES AUTRES EST BIEN RACONTÉE.

APRÈS AVOIR ÉTÉ SÉLECTIONNÉS DE FAÇON ALÉATOIRE ET TRIÉS SUR LA BASE DE QUESTIONNAIRES, 50 000 HOMMES ONT ÉTÉ RASSEMBLÉS DANS UN STADE DE BASE-BALL. PENDANT PLUSIEURS JOURS, ILS VONT S'AFFRONTER SOUS DIVERSES FORMES AFIN DE DÉSIGNER LE VAINQUEUR.

TANT MIEUX, MERCI.

C'EST TRÈS BIEN ! IL N'Y A AUCUNE MODIFICATION PARTICULIÈRE À APPORTER.

...

...SHUUU

NON ?! IL EST TROP RAPIDE !

QUOI ? DÉJÀ ?

VOICI L'HISTOIRE COMPLÈTE DE NANAMINE QUE J'AIMERAIS VOUS SOUMETTRE, MAIS...

MON- SIEUR AIDA...

AH... OUI...

...DÉSO- LE...

NE REGARDEZ PAS, MONSIEUR MIURA ! C'EST PEUT-ÊTRE CETTE HISTOIRE QUI SERA EN CONCURRENCE AVEC TAKAHAMA ET LES AUTRES DESSINATEURS !

BAM

OUI. APPAREMMENT, C'EST LARGEMENT SUFFISANT POUR NANAMINE. IL AURAIT MÊME SOUHAITÉ QUE ÇA PARAISSE PLUS TÔT.

AH BON ? C'EST PROCHE...

LA DATE DE PARUTION DE L'HISTOIRE DE NANAMINE EST FIXÉE : CE SERA DANS LE N° 10 DATÉ DU 6 FÉVRIER.

MOI, J'AI DE VRAIES OBJECTIONS À FORMULER AU MANQUE DE PASSION DU MANGA DE NANAMINE !

JE VOUS GARANTIS DE FAIRE MIEUX QUE LUI !

ENTENDU !!

LE N° 10 ? RIEN À FAIRE DE SA "SHIN-JITSU CORPORATION" !! MOI, C'EST "SHINTA CAPONE", ET JE VAIS LUI RÉGLER SON COMPTE !!

CE SERA DANS LE N° 10 !

C'EST QUOI, ÇA ?

HEIN ?

GLOU GLOU GLOU GLOU

SHAT VLVLS VLVLS SHAT

?

SI JE TE DIS "UN CHAPITRE HORS-SÉRIE QUI N'EN EST PAS VRAIMENT UN"... ÇA TE DIT QUELQUE CHOSE ?

AH... OUI...

TU PEUX ME PASSER MASHIRO, S.T.P. ?

LE N° 10... ENFIN, ÇA NOUS LAISSE ENCORE UN MOIS AVANT DE DEVOIR RENDRE NOS PLANCHES.

C'EST BIZARRE... C'EST COMME SI J'AVAIS DÉJÀ ENTENDU ÇA AUPARAVANT, MAIS...

QU'EST-CE QUE ÇA VEUT DIRE ?

"UN CHAPITRE HORS-SÉRIE QUI N'EN EST PAS VRAIMENT UN"...

?

NON... JE NE VOIS PAS CE QUE ÇA PEUT ÊTRE...

APPAREMMENT, C'ÉTAIT LA BOTTE SECRÈTE DE TARÔ KAWAGUCHI LORSQU'IL ÉTAIT AU TOP DANS LE MAGAZINE...

TA "SPÉCIALE" ?

UNE NOUVELLE SÉRIE DE GAG MANGA VA COMMENCER, ALORS, JE TRAVAILLE SUR MA SPÉCIALE QUE J'AVAIS GARDÉE AU CHAUD.

LORSQU'UN NOUVEAU GAG MANGA DÉBUTAIT...?

LORSQU'IL ÉTAIT AU TOP...

OUI... C'EST BIEN CE QU'IL AVAIT DIT.

UN CHAPITRE HORS-SÉRIE QUI N'EN EST PAS VRAIMENT UN !

C'ÉTAIT LÀ !

OUI. AU MILIEU, ON TROUVE EFFECTIVEMENT DES HISTOIRES CONCLUSIVES LORSQUE COMMENCE UNE NOUVELLE SÉRIE.

DANS "LA LÉGENDE DES SUPERHÉROS"®, LES ARCS SCÉNARISTIQUES DE TATCHAN ET DE YATCHAN SONT ASSEZ LONGS...

FLAP!

DANS CE CHAPITRE-CI, C'EST LE PASSÉ DE TATCHAN OÙ L'ON DÉCOUVRE COMMENT, EN PLEIN DÉSESPOIR, DANS UNE SITUATION RIDICULE, IL EN EST VENU À SOUTENIR QUE "DANS LA VIE, C'EST LA LOI DU PLUS FORT QUI PRIME"...

ET SON PÈRE MOURUT FINALEMENT DE NE PAS AVOIR EU ASSEZ DE FORCE POUR OUVRIR SA BOUTEILLE.

WÂÂÂH

DANS LA VIE, C'EST LA LOI DU PLUS FORT !

SA GRANDE SŒUR, ELLE, FUT VICTIME SON INCAPACITÉ À FAIRE PLUS DE DEUX POMPES D'AFFILÉE.

NE SE LIT QUE DANS LE JUMP !

TAP TAP TAP

ÇA SUFFIT, LES DISPUTES ENTRE FRÈRES !

LÀ, C'EST UNE DISPUTE ENTRE SUPERHÉROS ET SUPERZÉROS, ET L'ERMITHÉRO DIT : "ÇA SUFFIT, LES DISPUTES ENTRE FRÈRES", ET ON DÉCOUVRE DONC À LA FIN QU'ILS SONT FRÈRES.

QUOI ?

P'TIT FRÈRE !

GRAND FRÈRE !

OUI !

CHAQUE CHAPITRE APPORTE UN CHANGEMENT IMPORTANT !

NON.

... MAIS CE N'EST PAS TOUT.

EN TANT QU'HISTOIRE HORS-SÉRIE, C'EST TOUJOURS TRÈS BIEN FAIT...

FLAP!

BEN QUOI ?

?

...

!

CE CHAPITRE EST TRÈS INTÉRESSANT, MAIS IL DONNE AUSSI ENVIE DE LIRE LE RESTE DU MANGA.

C'EST SUPER-BIEN FAIT...

FLAP

... IL RELISAIT TOUS LES MANGAS, TOUS LES CHAPITRES DE "LA LÉGENDE DES SUPERHÉROS" PUBLIÉS DANS LE JUMP.

QUOI ?!

AVANT QUE MON ONCLE DESSINE CES CHAPITRES...

ÇA Y EST, JE M'EN SOU-VIENS...

... IL SE SERT DE DÉTAILS INSIGNIFIANTS DANS LES CHAPITRES PRÉCÉDENTS ET IL LES TRANSFORME EN INDICES !

IL CHERCHAIT CE QUI POURRAIT CONSTITUER UN INDICE ! ON NE S'EN REND PAS COMPTE PARCE QUE C'EST ANODIN DANS LES HISTOIRES, MAIS...

OUI... TOUT DEPUIS LE PREMIER CHAPITRE... J'EN SUIS SÛR...

C'EST GÉNIAL !!

AH... OUI...

!

126

OUI... QUAND ON PENSE AUX CHAPITRES HORS-SÉRIE, ON IMAGINE UNE HISTOIRE DE GAGS QUI SE LIT INDÉPENDAMMENT DES AUTRES, MAIS, LORSQUE L'HISTOIRE S'APPUIE SUR DES DÉTAILS DES CHAPITRES DÉJÀ PARUS, CELA A UNE GROSSE INCIDENCE SUR LA FAÇON DONT LE MANGA ÉVOLUERA...

ÇA SUFFIT, LES DISPUTES ENTRE FRÈRES !

QUOI ?

... MAIS AUSSI PARCE QU'ILS FONT NAÎTRE UNE VÉRITABLE ATTENTE SUR LES DÉVELOPPEMENTS FUTURS DE L'HISTOIRE !

CES CHAPITRES HORS-SÉRIE SONT INTÉRESSANTS À LIRE PARCE QU'ILS SONT LIÉS AU RESTE DE L'HISTOIRE...

...

"UN CHAPITRE HORS-SÉRIE QUI N'EN EST PAS VRAIMENT UN"...!

C'EST UNE SUPERIDÉE ! JE N'AI JAMAIS ÉCRIT DE SCÉNARIO DE CETTE FAÇON-LÀ !

À NOUS DE RÉALISER UN CHAPITRE HORS-SÉRIE QUI RASSEMBLERA UN GRAND NOMBRE D'IDÉES ET QUI SERA PORTEUR D'ESPOIR POUR L'AVENIR !!

OUAIS !

IL FAUT RELIRE TOUT "PCP" !

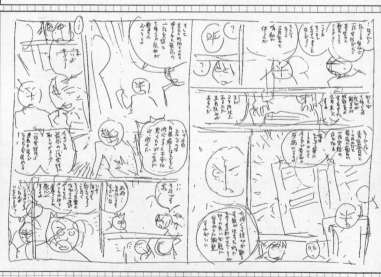

Les planches terminées !

BAKUMAN · VOL. 17
Du découpage à la planche finie
Épisode 148 -
pages 114-115

JE N'AI PAS DIT ÇA... ON MANGERA QUAND MÊME UN BON GÂTEAU À NOËL, AINSI QUE LE REPAS TRADITIONNEL DU NOUVEL AN.

ENCORE UNE ANNÉE SANS NOËL NI FÊTE DE NOUVEL AN ?

CROM

CROM

CROM

Page 149 Originalité et thème

NON... ENFIN... ON S'EST DIT QU'ON ALLAIT FAIRE UN SUPERCHAPITRE HORS-SÉRIE POUR CONTRER L'HISTOIRE COMPLÈTE DE NANAMINE QUI PARAÎTRA DANS LE N° 10 DU JUMP DU 6 FÉVRIER.

D'ACCORD, MAIS TU VAS TRAVAILLER, N'EST-CE PAS ? TU NE PRENDRAS DONC PAS DE VACANCES.

CROM

CROM

POC POC

OUI... JE SUIS DÉSOLÉ !

CLANG

D'ACCORD, MAIS ÇA VEUT DIRE QUE TU VAS TRAVAILLER PENDANT LES DEUX SEMAINES CENSÉES ÊTRE DES VACANCES, NON ?!

J'AI PRÉVU DE FINIR ENTRE LE 4 ET LE 7 JANVIER. SAIKÔ, LUI, PREND DE L'AVANCE SUR LE RESTE EN ATTENDANT...

PLUS J'AURAI ÉCRIT RAPIDEMENT LE SCÉNARIO, PLUS SAIKÔ AURA DE TEMPS À CONSACRER AU DESSIN.

AUJOURD'HUI, ON EST LE 17 DÉCEMBRE... ON DOIT RENDRE NOS PLANCHES AVANT LE 23 JANVIER...

CROM

CROM

CROM

CROM

...

CROM CROM

... ET QU'ILS AIENT ENCORE PLUS ENVIE DE LIRE LA SUITE...

OUI. JE CHERCHE UNE IDÉE DANS UN ANCIEN CHAPITRE POUR NOTRE HORS-SÉRIE AFIN QUE LES LECTEURS AIENT ENVIE DE RELIRE LE MANGA DEPUIS LE DÉBUT...

DES INDICES ?

JE CHERCHE DES INDICES...

... POURQUOI RELIS-TU "PCP" DEPUIS LE PREMIER TOME ?

DIS-MOI...

BIEN VU, MA PETITE KAYA... EN EFFET, CE SONT DES CRIMES PARFAITS, AVEC UNE ASTUCE DÉVOILÉE À LA FIN, ET DU COUP, UNE FOIS L'HISTOIRE LUE, ON NE LA RELIT PLUS PUISQU'ON CONNAÎT LA CHUTE.

DANS "PCP", VOUS RACONTEZ DES CRIMES PARFAITS, ALORS C'EST DIFFICILE, NON ?

ON NE POINTE PAS SES BAGUETTES SUR QUEL-QU'UN !

AH BON ?

PAR-DON !

AU PLUS FORT DE SON SUCCÈS, "UN CHAPITRE HORS-SÉRIE QUI N'EN EST PAS VRAIMENT UN" ÉTAIT LA BOTTE SECRÈTE QU'UTILISAIT TARO KAWAGUCHI.

BAM

JE SUIS BÊTE ! C'EST POURTANT SIMPLE !

HEIN ?

WAOUH !

!

ON CONNAÎT LA CHUTE, OUI...

SHUUU

UN CRIME PARFAIT DONT ON CONNAÎT LA CHUTE...

ON CONNAÎT LA CHUTE.

... JE REVIENDRAI VOUS RENDRE VISITE RÉGULIÈREMENT. JE VOUS AI APPORTÉ DES GÂTEAUX.

OUI. TANT QUE VOUS NE M'AUREZ PAS DIT QUE VOUS VISEZ UNE SÉRIE AVEC MOI...

MONSIEUR HATTORI, VOUS ÊTES DU GENRE TENACE, VOUS.

AZUMA

TOC TOC

CLAC

...

VOUS PERMETTEZ QUE JE LES REGARDE ?

OUI...

MONSIEUR AZUMA, AURIEZ-VOUS LES NEMUS FOURNIS PAR LA SOCIÉTÉ DE NANAMINE ?

BIEN SÛR QUE SI ! VOUS AVEZ L'ENVIE, JE VOUS DONNERAI LA FORCE ! ET JE VOUS PRÉSENTERAI UNE HISTOIRE QUI VOUS DONNERA L'ENVIE, S'IL LE FAUT !

JE VOUS L'AI DIT, JE N'AI PLUS LA FORCE POUR CELA...

AH ! C'EST BIEN CE QUE JE PENSAIS !

REGARDEZ ! D'UN CÔTÉ LES NEMUS, ET DE L'AUTRE LES PLANCHES PARUES DANS LE JUMP.

NON, CE N'EST PAS CE QUE JE VEUX DIRE ! EN FAIT, ON SENT TOUTE VOTRE EXPÉRIENCE.

J'APPRÉCIE VOTRE COMPLIMENT, MAIS CE SERAIT UN PROBLÈME SI CE N'ÉTAIT PAS LE CAS.

VOS PLANCHES SONT NETTEMENT MEILLEURES QUE LES NEMUS DE NANAMINE !

NORMALEMENT, IL EST TRÈS DIFFICILE D'INTERPRÉTER LES NEMUS À CE POINT ET DE LES RETRANSCRIRE AUSSI BIEN.

LE REGARD TRISTE DE MOMOKO EST FRAPPANT...

L'EXPRESSION DES VISAGES EST EXCELLENTE !

... VOUS ÊTES VRAIMENT UN HOMME PASSIONNÉ...

MONSIEUR HATTO-RI...

C'EST ÇA, VOTRE ARME.

VOTRE DESSIN A UNE MATURITÉ UNIQUE, VOUS AVEZ UNE AISANCE QUE SEULE UNE LONGUE EXPÉRIENCE DE MANGAKA OFFRE.

VOUS COMPRENEZ BIEN CE QUE RESSENTENT LES GENS, ET C'EST POUR ÇA QUE VOUS ARRIVEZ À DESSINER AINSI.

LORSQUE JE VOUS AI ENTENDU PARLER DE TARÓ KAWAGUCHI ET DE MASHIRO, JE ME SUIS DIT QUE VOUS ÉTIEZ VRAIMENT UN HOMME GENTIL.

ET LES JEUNES DESSINATEURS NE L'ONT PAS !

IL ÉTAIT PEUT-ÊTRE ÉCRIT QUE JE DEVAIS RENCONTRER QUELQU'UN COMME VOUS...

D'ACCORD, VOUS AVEZ GAGNÉ.

C'EST VRAI ?!

ALLEZ, LANÇONS-NOUS ! AVEC UN TEL TALENT, JE SUIS SÛR QU'ON PEUT TROUVER UN THÈME BIEN MEILLEUR QUE CELUI DE "PANCHIRA" !

VOICI LES NEMUS CORRIGÉS POUR MON HISTOIRE COMPLÈTE.

PLAF

... MAIS... ILS SONT TRÈS RÉUSSIS...

CES NEMUS ONT ÉTÉ RÉALISÉS À PARTIR D'UNE DE MES IDÉES.

EN MATIÈRE DE NEMUS, ON NE PEUT PAS FAIRE MIEUX. JE NE PEUX PAS TENIR COMPTE DE VOTRE COMMENTAIRE ET PRENDRE LE RISQUE DE CASSER L'HARMONIE DE CES NEMUS.

MON STAFF A TRAVAILLÉ DESSUS, LES TESTEURS ONT DONNÉ UNE NOTE DE 9,1, J'AI FAIT DES CORRECTIONS, ET LES TESTEURS ONT FINALEMENT ATTRIBUÉ UNE NOUVELLE NOTE DE 9,3.

... JE TROUVE QU'IL MANQUE QUAND MÊME DE "L'ESPRIT SHÔNEN"...

JE REJETTE CET AVIS-LÀ.

OUI...

MOI, JE VOIS DÉJÀ PLUS LOIN : ON CONNAÎTRA LES RÉSULTATS DE CETTE HISTOIRE COMPLÈTE LE 10 FÉVRIER, ET IL Y A UNE RÉUNION ÉDITORIALE EN FÉVRIER, N'EST-CE PAS ?

INUTILE. C'EST DÉJÀ TRÈS BIEN, JE SUIS SÛR DE DÉCROCHER LA PREMIÈRE PLACE.

LE PLUS DUR EST FAIT, ET MON SOUHAIT EST JUSTE D'ESSAYER D'AMÉLIORER ENCORE TES NEMUS.

APRÈS AVOIR LU CES NEMUS, VOUS N'EN ÊTES PAS PERSUADÉ VOUS AUSSI, MONSIEUR KOSUGI ?

ET MOI, JE VIENS DE VOUS DIRE QUE J'ÉTAIS SÛR DE ME CLASSER PREMIER.

N'ALLONS PAS TROP VITE ! IL FAUT QUE TON HISTOIRE COMPLÈTE SOIT DANS LE TOP TROIS DU CLASSEMENT, C'EST INDISPENSABLE.

PAR CONSÉQUENT, JE VAIS TERMINER AU PLUS VITE LES PLANCHES DE CETTE HISTOIRE ET TRAVAILLER ENSUITE SUR LES NEMUS D'UNE SÉRIE.

?

... MAIS J'AIMERAIS QUAND MÊME POUVOIR L'AIDER À FAIRE ENCORE MIEUX, MÊME SI CELA RELÈVE DU DÉTAIL...

IL FAUT BIEN RECONNAÎTRE QU'AVEC LE STYLE DE NANAMINE ET LE TRAVAIL DE SES ASSISTANTS CE MANGA SERA TRÈS BIEN...

BON ! JE VOUS FAIS UNE PROPOSITION.

ENSUITE, SI CE CHAPITRE SE CLASSE PREMIER, JE SERAI D'ACCORD POUR QUE L'ON CONTINUE À COLLABORER, VOUS ET MOI, DE CETTE MANIÈRE-LÀ.

SI JAMAIS ELLE EST FINALEMENT CLASSÉE DEUXIÈME OU TROISIÈME, JE RECONNAÎTRAI MON ERREUR, ET J'ACCEPTERAI QUE L'ON TRAVAILLE ENSEMBLE SUR LE PREMIER CHAPITRE DE MA PROCHAINE SÉRIE.

JE SUIS SÛR QUE MON HISTOIRE COMPLÈTE SERA NUMÉRO UN !

SI JE SUIS PREMIER, CE SERA LA PREUVE QUE MON SYSTÈME FONCTIONNE ! SI ON FAIT DES RETOUCHES ET QUE LE MANGA N'EST PAS PREMIER, QUE FEREZ-VOUS ?

OUI, MAIS...

CA, C'EST POUR LE CAS OÙ L'HISTOIRE COMPLÈTE SERAIT DEUXIÈME OU TROISIÈME. SI ELLE SE CLASSE PREMIÈRE, CELA VOUDRA DIRE QU'IL EST INUTILE DE CHERCHER À L'AMÉLIORER.

MÊME EN CAS D'ÉCHEC, ON PEUT TOUJOURS RATTRAPER LE COUP.

SI JE DÉCROCHE UNE SÉRIE, CELA VEUT DIRE QU'IL Y AURA AU MOINS DIX CHAPITRES... ON PEUT DONC BIEN COLLABORER SUR LE PREMIER CHAPITRE.

BON ! D'ACCORD, ENTENDU...

SAT !

DÉCIDÉMENT, QUEL NUL ! AINSI, JE N'AURAI PLUS BESOIN DE FAIRE DES RÉUNIONS AVEC LUI...

BIEN... BON COURAGE POUR LA RÉALISATION DES PLANCHES...

NEU-
VIÈME,
C'ÉTAIT
INES-
PÉRE.

ÇA, OUI !
LA SEIZIÈME
PLACE N'EST
PLUS QU'UN
LOINTAIN
SOUVENIR !

VOUS ÉTIEZ
CONTENT
QUE "+ NATURAL"
SOIT REVENU
DANS LES NEUF
PREMIERS,
N'EST-CE
PAS ?

TU COMPRENDS,
CE SERAIT QUAND
MÊME BIEN QUE
"+ NATURAL" SOIT DANS
LES TROIS PREMIERS :
ÇA POURRAIT PEUT-
ÊTRE EMPÊCHER
NANAMINE D'AVOIR
UNE SÉRIE ENSUITE.

NIIZUMA

SARL EINI

ENFIN,
SI C'EST
TOI QUI
LE DIS,
C'EST
SÛREMENT
VRAI...

QUOI ?
DIS DONC,
TU ES
LUCIDE...

EN M'Y METTANT
SÉRIEUSEMENT, ON S'EST
CLASSÉS NEUVIÈMES,
ALORS ATTEINDRE LA
TROISIÈME PLACE, C'EST
IMPOSSIBLE. MÊME EN
FAISANT DE MON MIEUX,
ON NE DÉPASSERA PAS
LA CINQUIÈME
PLACE.

GRÂCE À TON TALENT,
ON PEUT ENCORE FAIRE
UN BOND EN AVANT,
ET LE CLAN FUKUDA
POURRAIT ALORS
SQUATTER LES
TROIS PREMIÈRES
PLACES !

BAM !

OUI...
À PART
HIRAMARU...

JE SUPPOSE
QUE TOUS
LES GARS DU
CLAN FUKUDA
SE DONNENT
À FOND !

JE VAIS FAIRE
L'IMPASSE SUR
LES VACANCES
DE FIN D'ANNÉE
ET CONSACRER LE
MAXIMUM DE TEMPS
AU CHAPITRE QUI
PARAÎTRA DANS
LE JUMP N° 10 !

SHAAT

CRAT
CRAT

LE 24 DÉCEMBRE...

AH... UN MESSAGE ENCORE PLUS COURT QUE LES MIENS...

Mail reçu 001
De : Mashiro
Re : Joyeux Noël
24/12 à 7h05

Merry Christmas

ET SIGMA Σ, TOUJOURS AUSSI FORT, LE DÉCOUVRE ! LES MEMBRES DU PCP RECONNAISSENT LES FAITS ! C'EST TROP COOL !

ON RÉVÈLE QUE TOUS LES CRIMES PARFAITS, Y COMPRIS CEUX RÉALISÉS JUSQU'À PRÉSENT, DOIVENT EN RÉALITÉ ÊTRE COMMIS AVANT QUE PCP QUITTE LE COLLÈGE...

BLAM

OUI ! TRÈS BON CHAPITRE !

ALORS ?

LE 30 DÉCEMBRE...

?

MAIS...

N'EST-CE PAS ?

DU COUP, ÇA DONNE ENVIE DE RELIRE LES CHAPITRES PRÉCÉDENTS POUR ANALYSER LES CRIMES PARFAITS, ET L'ATTENTE DE LA SUITE DU RÉCIT EST ENCORE PLUS GRANDE.

D'ICI DEMAIN, J'AURAI FAIT LES NEMUS À PARTIR DE ÇA !

NOTRE PRIORITÉ, CETTE FOIS, C'EST DE GAGNER CONTRE NANAMINE !

O.K. ! PARTONS LÀ-DESSUS !

SUPER !

... ÇA VEUT DIRE QU'IL FAUDRA RELIER TOUS LES CRIMES PARFAITS QUI SE SONT DÉJÀ DÉROULÉS AVEC CEUX QU'ON VA PRÉSENTER À L'AVENIR. TU T'EN SENS CAPABLE ?

TOUS, ÇA ME PARAÎT IMPOSSIBLE, MAIS JE DEVRAIS M'EN SORTIR, OUI.

AH, OUI... C'EST DONC ÇA "UN CHAPITRE HORS-SÉRIE QUI N'EN EST PAS VRAIMENT UN"...

OUI, MAIS AU TÉLÉPHONE, JE NE PEUX PAS VOUS PARLER À TOUS LES DEUX EN MÊME TEMPS... ET PUIS J'AVAIS ENVIE DE SAVOIR QUELLE ÉTAIT LA FAMEUSE BOTTE SECRÈTE DE TARÔ KAWAGUCHI.

ON AURAIT PU VOUS FAXER NOS NÉMUS...

DÉSOLÉ DE VOUS DÉRANGER UN JOUR PAREIL...

LE 31 DÉCEMBRE...

C'EST TRÈS BIEN ! AVEC "PCP", VOUS NE POURREZ PAS FAIRE CE GENRE D'HISTOIRE SOUVENT ! IL FAUT BIEN LA METTRE À PROFIT !

SUPER !

OUI !

UNE FOIS QU'ON CONNAÎT L'ASTUCE, ON COMPREND BIEN QUE, GRÂCE À CE CHAPITRE-LÀ, LES CHAPITRES PRÉCÉDENTS CONSTITUENT DES INDICES POUR LA SUITE.

MASHIRO TRAVAILLE DUR...

LE 1er JANVIER.

Mail reçu 007

De : Mashiro
Re : Bonne année
1/1 à 7h00

Bonne année !

...

* BONNE ET HEUREUSE ANNÉE.

FLAP†!⁺

... UN MARCHÉ EST UN MARCHÉ ! C'EST REGRETTABLE, MAIS JE N'AI PAS BESOIN DE VOUS, MONSIEUR KOSUGI.

J'IMAGINE QUE VOUS ÊTES VENU POUR ME DEMANDER QU'ON TRAVAILLE ENSEMBLE SUR LA SÉRIE, MAIS...

JE SAIS QUE JE SUIS PREMIER !

POUR LES RÉSULTATS, UN COUP DE TÉLÉPHONE AURAIT SUFFI...

ENFIN, VENDREDI 10 FÉVRIER...

NANAMINE, MOI, JE N'AI JAMAIS CHERCHÉ QU'À T'AIDER POUR TA SÉRIE.

HE !

DANS CE CAS, LE TROISIÈME...

CE N'EST PAS NANAMINE !!

LE PREMIER, C'EST "MIKATA LE JUSTICIER".

QUI EST PREMIER ?

ON EST DEUXIÈMES !

"PCP" EST DEUXIÈME.

♪♪

ÇA SONNE !

LE TROISIÈME...

QUI EST TROISIÈME, MONSIEUR HATTORI !?

AZUMA !? COMMENT ÇA... ?

!?

LE TROISIÈME, C'EST "PIRA PARA PARADISE" DE MIKIHIKO AZUMA AVEC 219 VOIX.

ATTENDS... TU VEUX DIRE QUE TU N'AS PAS LU LE JUMP DANS LEQUEL TON MANGA EST PUBLIÉ ?

JE N'ÉTAIS PAS AU COURANT...

QUE... D'OÙ ÇA SORT, ÇA ?!

!?

C'EST L'HISTOIRE COMPLÈTE PUBLIÉE POUR REMPLACER À LA DERNIÈRE MINUTE LE MANGA D'HIRAMARU QUI S'EST FAIT UN TOUR DE REINS.

AZUMA... J'AI MÊME PERDU CONTRE AZUMA ?

TES TESTEURS NE RÉPONDENT PAS AU QUESTIONNAIRE DU JUMP CHAQUE SEMAINE ?

ET POURQUOI J'AURAIS FAIT ÇA ? JE NE LIS JAMAIS QUE MON MANGA !

POUR QUOI FAIRE ? TOUT CE QUI COMPTE, C'EST LE VRAI CLASSEMENT. ET PUIS J'ÉTAIS SÛR D'ÊTRE PREMIER...

ET PUIS JE TRA-VAILLAIS SUR MES NÉMUS POUR LA SÉRIE...

POUR M'ASSURER QUE VOUS N'Y AVEZ APPORTÉ AUCUNE MODIFI-CATION...

LORSQUE L'ON NE COMPREND PAS CE QUE LES AUTRES PERSONNES RESSENTENT, ON NE PEUT PAS PRÉTENDRE DESSINER CES SENTIMENTS-LÀ.

L'ÂME DES PERSONNAGES.

QUELLE IRONIE ! C'EST LE MANGA D'AZUMA-SENSEI, LE DESSINATEUR DONT TU T'ES SERVI, QUI TE FAIT LOUPER LE PODIUM...

"100 MILLIARDS ET LA JOLIE JEUNE FILLE" EST QUATRIÈME...

...

BAM

MERDE !!

PLAF

...

SI ON A PU PASSER DEVANT NANAMINE, C'EST AUSSI GRÂCE À LUI ET À TARÔ KAWAGUCHI.

OUI ! C'EST GÉNIAL POUR LUI !

AZUMA-SENSEI EST TROISIÈME... ÇA, ÇA FAIT PLAISIR !

BIP !

...

OUI.

SEUL ? VOUS PLAISANTEZ ! C'EST GRÂCE À VOUS, MONSIEUR HATTORI. JE VAIS POUVOIR PRENDRE MA RETRAITE L'ESPRIT TRANQUILLE.

...

MONSIEUR AZUMA ! FÉLICITATIONS ! VOUS ÊTES TROISIÈME ! VOUS Y ÊTES ARRIVÉ SEUL, ET VOUS AVEZ BATTU NANAMINE !

C'EST UN NOUVEAU DÉPART POUR VOUS !

IL FAUT TOUJOURS QUE VOUS REVENIEZ À ÇA.

ALLONS, ALLONS, NE DITES PAS ÇA !

VOILÀ...

...

MONSIEUR AZU-MA...

NON. J'AI DONNÉ TOUTE L'ÉNERGIE QU'IL ME RESTAIT DANS CETTE HISTOIRE COMPLÈTE...

... JE VAIS ENFIN POUVOIR ALLER PRIER SUR VOTRE TOMBE LA TÊTE HAUTE...

* LA LÉGENDE DES SUPERHÉROS / TARŌ KAWAGUCHI.

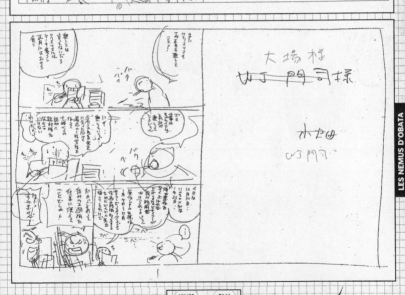

La planche terminée !

BAKUMAN - VOL. 17
Du découpage à
la planche finie
Épisode 149 -
pages 129

MERDE!

CRASH

MERDE!

MERDE!

MEEERDE !!

CRASH

CRASH

CRASH

CRASH

**Page 150
Caprice et préférences**

HAA!

HAA!

HAA!

VEUX-TU VRAIMENT EN RESTER LÀ ?

TU N'ES PAS ENTRÉ DANS LE TOP TROIS, TU NE POURRAS PLUS DESSINER DANS LE JUMP...

SI TU ES PRÊT À COLLABORER SINCÈREMENT AVEC MOI, JE PEUX ALLER TROUVER LE DIRECTEUR POUR ESSAYER D'AVOIR UNE NOUVELLE CHANCE DE...

LE DIRECTEUR ÉDITORIAL A ÉTÉ CLAIR SUR CE POINT, MAIS SI TU CHANGES D'ATTITUDE, IL POURRAIT BIEN ACCEPTER DE REVOIR TON CAS.

ALLEZ-VOUS-EN.

JE N'AI AUCUNE ENVIE DE TRAVAILLER AVEC UN ÉDITEUR INCAPABLE COMME VOUS.

UN ÉDITEUR INCAPABLE... JE NE PEUX PAS LUI DONNER TORT... J'AI ÉCHOUÉ À LUI APPRENDRE LE PLUS IMPORTANT...

... ET JE N'AI RIEN PU FAIRE... BON SANG...

UN JEUNE AUTEUR AVEC AUTANT DE TALENT...

OUI...

C'EST DU GÂCHIS...

ET SON DESSIN EST D'UN EXCELLENT NIVEAU...

OUI... IL NE CANALISE PAS SON ÉNERGIE LÀ OÙ IL LE FAUDRAIT... IL EST POURTANT AUSSI MOTIVÉ QUE DOUÉ...

NANAMINE A QUAND MÊME UN SACRÉ TALENT...

150

OUI ?

DITES-MOI PLUTÔT, MONSIEUR YOSHIDA...

VOUS PLAISANTEZ ?! SAVIEZ-VOUS QU'AU MOYEN ÂGE, EN EUROPE, ON APPELAIT LES TOURS DE REINS LE "COUP DE LA SORCIÈRE" ? ÇA VOUS FRAPPE SUBITEMENT ET ÇA REPART TOUT AUSSI SUBITEMENT.

HIRAMARU, TON HISTOIRE DE TOUR DE REINS, CE N'ÉTAIT PAS UN PEU DE CINÉMA ? LÀ, TU PÈTES LA FORME...

DING DONG

HIRAMARU
平丸

CLAC !

TAP TAP TAP

DANS LA MESURE OÙ C'EST LE MANGA QUI A REMPLACÉ LE MIEN QUI Y EST PARVENU, LE MÉRITE M'EN REVIENT AUSSI, N'EST-CE PAS ?

... DE M'APPELER "KAZUTAN"...

SI MON MANGA S'ÉTAIT CLASSÉ DANS LES TROIS PREMIERS DU JUMP N° 10, YURITAN M'AVAIT PROMIS...

YURITAN N'EST PEUT-ÊTRE PAS DU MÊME AVIS QUE VOUS. COMME JE NE PEUX PAS VOUS FAIRE CONFIANCE, JE VAIS L'APPELER DIRECTEMENT.

VOUS CROYEZ ?

Blp ! Blp !

C'EST LE TRAVAIL D'AZUMA-SENSEI ET DE HATTORI, ET UNIQUEMENT CELA.

TU N'Y ES ABSOLUMENT POUR RIEN.

QU'AS-TU EN TÊTE ?!

QUOI ?!

RIEN... TOUT VA BIEN.

QUE VOUS ARRIVE-T-IL, MONSIEUR HIRAMARU ?

AH ! BONJOUR, MONSIEUR HIRAMARU !

SHUUU !

PLAF

HÉ ! HÉ ! HÉ !

152

ASHIROGI A FAIT DU BON BOULOT.

OUI ?

HATTORI...

* SHÛEISHA.

NON, RIEN... OUBLIE ÇA.

VOTRE "DERNIER" CAPRICE...

QUOI ?!

OUI... C'EST UN PEU MON DERNIER CAPRICE EN TANT QUE DIRECTEUR ÉDITORIAL.

IL N'A PAS REMPLI LA CONDITION IMPOSÉE, IL NE DESSINERA PLUS POUR NOUS...

POUR NANAMINE, VOUS RESTEZ SUR VOTRE POSITION ?

C'EST GRÂCE À VOS ENCOURAGEMENTS.

MAIS... CE N'EST PAS LE GENRE DE CHOSES QU'ON CRIE SUR LES TOITS, ENFIN !!

MONSIEUR AIDA !! LE DIRECTEUR ÉDITORIAL VA-T-IL CHANGER ?!

... ÇA VEUT DIRE QUE LE DIRECTEUR VA QUITTER SON POSTE ?

"DERNIER" ? MAIS ALORS...

TAP

TAP

MAINTENANT QUE J'Y PENSE, CES DERNIERS TEMPS, LE DIRECTEUR ÉDITORIAL EST ÉTONNAMMENT GENTIL. C'EST PRESQUE GÊNANT.

JE TE PARLE AU CONDITIONNEL ! RIEN N'EST MOINS SÛR. LE SUJET AURAIT ÉTÉ DÉBATTU LORS DE LA DERNIÈRE RÉUNION DE DIRECTION. OU PAS...

SPONTANÉMENT !?

EH BIEN ! IL AURAIT SPONTANÉMENT PROPOSÉ SA CANDIDATURE.

TU ES AU COURANT QU'À PARTIR D'AVRIL UN NOUVEAU PROJET, "HISSHÔ JUMP", VA DÉMARRER, N'EST-CE PAS ?

QUOI ?! ÇA VEUT DIRE QUE C'EST VRAI ALORS ?!

JE NE DEVRAIS PAS TE DIRE ÇA. ON VA M'ACCUSER DE FAIRE DU FAVORITISME...

D'UNE CERTAINE MANIÈRE, C'EST VRAI QUE ÇA NE LUI RESSEMBLE PAS...

UN CHAPITRE HORS-SÉRIE QUI N'EN EST PAS VRAIMENT UN !...

...

C'EST BIEN LA PREMIÈRE FOIS QUE ÇA LUI ARRIVE.

AH, OUI ! HIER, IL M'A FÉLICITÉ POUR "MIKATA LE JUSTICIER" ET IL M'A SOUHAITÉ BON COURAGE POUR LA SUITE.

BROUHAHA

BON ! TANT MIEUX, MAIS...

NE VOUS EN FAITES PAS : MÊME S'IL Y A DES MOUVEMENTS, C'EST POUR UN NOUVEAU MAGAZINE.

CONTRAIREMENT AUX MUTATIONS DE JUIN, CE NE SERA QUE DES CHANGEMENTS MINIMES.

∞

MOI, MES DEUX SÉRIES, "+ NATURAL" ET "MIKATA LE JUSTICIER", MARCHENT BIEN, ALORS, JE NE DEVRAIS PAS ÊTRE MUTÉ...

LE 15 ? IL VA SÛREMENT Y AVOIR D'AUTRES MUTATIONS...

L'ANNONCE OFFICIELLE SERA FAITE LE 15 FÉVRIER, ET LA NOUVELLE ORGANISATION SERA EFFECTIVE LE 1er MARS. POUR L'INSTANT, JE N'EN SAIS PAS PLUS...

LA TROUILLE...

BROUHAHA

154

GLOUPS

NgH

HUM

OUI.

HÉ ! SASAKI ! TU PEUX VENIR UNE MINUTE ?

IL VA DONC BIEN Y AVOIR UN CHANGEMENT À LA TÊTE DE LA RÉDACTION...

BROUHAHA

LE DIRECTEUR A ÉTÉ APPELÉ AU CONSEIL D'ADMINIS-TRATION...

OUI ! TOUT DE SUITE !

NAKANO ! VIENS !

HUM

DÉJÀ QUE SON VISAGE FAIT PEUR, ALORS...

ÇA FICHE LA TROUILLE QUAND MÊME...

BRRR

QUE PENSEZ-VOUS DU FAIT QUE LE PRÉSIDENT TORISHIMA VIENNE LE CHERCHER EN PERSONNE ?

ALORS ?

BIEN DIT ! CE SERAIT INJUSTE !

QUOI ?! M. NAKANO SERAIT LE PROCHAIN DIRECTEUR ÉDITORIAL ?

NON ! ON NE PASSE PAS DE CHEF D'ÉQUIPE À DIRECTEUR !

BROUHAHA

C'EST AUSSI LUI QUI DÉTIENT LE RECORD DE NOUVELLES SÉRIES LANCÉES PAR UN MÊME ÉDITEUR.

AVEC "YU-GI-OH !", IL AVAIT MARQUÉ DES POINTS...

M. HEISHI... ÇA SE PRÉCISE...

!

MONSIEUR HEISHI, C'EST À VOUS ENSUITE.

NE DIS PAS DE BÊTISES.

CE SERA VOUS, LE PROCHAIN DIRECTEUR ÉDITORIAL ?

TAC

SI NAKANO A ÉTÉ APPELÉ, ÇA VEUT DIRE QUE C'EST LUI ?

...ÇA VEUT DIRE QU'UN DES CHEFS D'ÉQUIPE VA LE REMPLACER À SON POSTE...

SI LE DIRECTEUR ADJOINT DEVIENT DIRECTEUR...

...

CLANG

LE LENDEMAIN...

HÉ HÉ HÉ

...

JE DEVIENS CHEF D'ÉQUIPE !

TU OUBLIES UN POINT IMPORTANT !

OUI !

... ET QUE M. AIDA PREND LA PLACE DE M. HEISHI QUI EST NOMMÉ DIRECTEUR ÉDITORIAL... C'EST BIEN ÇA ?

... C'EST QUE LE DIRECTEUR SASAKI PART POUR LE NOUVEAU MAGAZINE "HISSHÔ JUMP" AVEC LE CHEF D'ÉQUIPE NAKANO...

FINALEMENT, LES GRANDS CHANGEMENTS...

OUI, OUI, ÉVIDEMMENT...

TAC

TAC

D'UNE CERTAINE FAÇON, JE L'ENVIE...

C'EST PAS FAUX... MALGRÉ SA PROMOTION, IL NE DÉCOCHE PAS UN SOURIRE...

PARCE QU'IL EST TOUJOURS IMPASSIBLE, NON ?

AH BON ? POURQUOI ?

ÇA VA PAS ÊTRE ÉVIDENT...

MONSIEUR HEISHI, DIRECTEUR ÉDITORIAL...

J'AIMERAIS ALLER LUI ANNONCER LES DERNIERS CHANGEMENTS. JE NE POURRAI PAS LE FAIRE AVEC TOUS LES AUTEURS, MAIS AVEC LES PLUS JEUNES D'ENTRE EUX AU MOINS, C'EST IMPORTANT.

NIIZUMA SERAIT-IL DISPONIBLE DEMAIN ?

ENTENDU, JE L'APPELLE.

AH... OUI ?

YÛJIRÔ...

QUANT À MOI, JE SUIS DÉSORMAIS CHEF D'ÉQUIPE.

PAR CONSÉQUENT, M. SASAKI QUITTERA SES FONCTIONS À LA FIN DU MOIS.

ペた～
SLAT

森 りんご*

?

* POMMES D'AOMORI.

SAT
ズ…

JE VOUS REMERCIE POUR TOUT CE QUE VOUS AVEZ FAIT.

ゴッ

DONG

青森 りんご

C'ÉTAIT IL Y A HUIT ANS DÉJÀ... LE TEMPS PASSE VITE...

AH... C'ÉTAIT DÉJÀ JUSTE M. SASAKI ET MOI...

LE JOUR OÙ VOUS ÊTES VENUS ME VOIR À AOMORI, CELA M'A FAIT TRÈS PLAISIR.

LORSQUE TU M'AS DIT : "SI JE DEVIENS LE MANGAKA NUMÉRO UN, JE VEUX AVOIR LE DROIT D'ARRÊTER UN MANGA QUE JE DÉTESTE", J'AI PENSÉ QUE TU ÉTAIS UN PETIT PRÉTENTIEUX, MAIS...

... TU ES DEVENU UN AUTEUR PHARE DU JUMP, ET JE T'EN REMERCIE. CONTINUE COMME ÇA À L'AVENIR.

C'EST JUSTE UN OBJECTIF, VOUS COMPRENEZ ?

NON, MAIS ÇA IRA...

CE N'EST PAS FINI !

NUMÉRO UN MONDIAL

POM

JE NE ME FAIS PAS DE SOUCIS POUR TOI. JE SERAI DIRECTEUR D'UN NOUVEAU JOURNAL, MAIS JE SUIVRAI TON PARCOURS.

TAC

... MAIS, AVANT CELA...

D'AC-CORD...

GROM GROM GROM

JE VAIS DESSINER LE MEILLEUR MANGA DU MONDE !

ATTENDEZ ! JE NE SUIS PAS ENCORE LE VÉRITABLE NUMÉRO UN !

DÉTENDS-TOI ! M. HATTORI SERA AVEC LUI...

TAP TAP TAP

LE DIRECTEUR ÉDITORIAL VIENT EXPRÈS ICI POUR NOUS SALUER ! JE STRESSE UN MAX !

CRII

LE LEN-DE-MAIN...

CRII

AVANT LA PARUTION DE "TANTO" ON A POSTULÉ POUR LE CONCOURS TREASURE ALORS QU'ON ÉTAIT DES AUTEURS SOUS CONTRAT...

... ET APRÈS, QUAND ON A ARRÊTÉ "TANTO"...

PEUT-ÊTRE, MAIS ON A QUAND MÊME FAIT PAS MAL DE CAPRICES ET CRÉÉ PAS MAL D'ENNUIS... SOUVIENS-TOI QUAND J'ÉTAIS HOSPITALISÉ, QUE JE REFUSAIS D'ARRÊTER DE DESSINER...

※TREASURE.

OUPS... OUAIS...

DING DONG

AAH !! LES VOILÀ !

ON VA PROFITER DE L'OCCASION POUR S'EXCUSER...

CRII

CRII

IL NOUS A QUALIFIÉS DE DESSINATEURS À PROBLÈMES ET IL NOUS A MÊME DEMANDÉ CLAIREMENT DE NE PLUS CAUSER D'ENNUIS...

TAP TAP TAP TAP

BONJOUR ! BIENVENUE DANS NOTRE ATELIER !

...

BONJOUR ! VOUS PERMETTEZ QUE J'ENTRE ?

... BIEN SÛR. OUI ...

À L'ÉPOQUE, IL EST RESTÉ LONGTEMPS RESPONSABLE ÉDITORIAL DE "LA LÉGENDE DES SUPERHÉROS"...

AH... C'EST VRAI...

C'EST NORMAL, NOUS NE FUMONS PAS...

ÇA NE SENT PAS LA CIGARETTE...

ÇA VA FAIRE PRÈS DE VINGT ANS...

* LA LÉGENDE DES SUPERHÉROS - LE DESSIN ANIMÉ.

... DE SON VIVANT, TON ONCLE, TARÔ KAWAGUCHI, M'AVAIT DEMANDÉ DE VEILLER SUR TOI SI TU DEVENAIS MANGAKA.

MAINTENANT QUE JE SAIS QUE JE VAIS QUITTER MON POSTE DE DIRECTEUR ÉDITORIAL DU JUMP, JE PEUX TE LE DIRE...

!

SUR LE COUP, JE ME SUIS DIT QU'ON NE DEVENAIT PAS MANGAKA AUSSI FACILEMENT, ET J'AI PRIS ÇA POUR UNE PLAISANTERIE, MAIS...

MON ONCLE LUI AVAIT DIT ÇA À LUI AUSSI...

... OU PLUTÔT...

... BIEN DES ANNÉES PLUS TARD, LORSQUE J'AI APPRIS QUE L'UN DES DEUX COLLÉGIENS QUI ÉTAIENT EN RÉUNION AVEC HATTORI SE TROUVAIT ÊTRE LE NEVEU DE TARÔ KAWAGUCHI, J'AI ÉTÉ TRÈS SURPRIS...

DANS CE CONTEXTE, J'AI SOUVENT MANQUÉ DE LUCIDITÉ ET D'OBJECTIVITÉ AVEC VOUS.

... TRÈS HEUREUX.

GRÂCE À CELA, JE PEUX PARTIR SANS REGRET TRAVAILLER AU "HISSHÔ JUMP", AVEC LE SENTIMENT DU DEVOIR ACCOMPLI.

... D'AUTRES JEUNES AUTEURS ONT ÉVOLUÉ AVEC VOUS.

ET PUIS IL N'Y A PAS QUE VOUS.

"TAKAHAMA"...

"FUKUDA"...

"NIIZUMA"...

ÇA, C'EST UN FAIT QUE JE NE PEUX PAS NIER... MÊME SI CELA NE SIGNIFIE PAS QUE VOUS AVEZ EU UN TRAITEMENT DE FAVEUR, AU CONTRAIRE...

JE VIENS DE VOUS DIRE QUE J'ÉTAIS DÉSOLÉ, MAIS EN FAIT, À CAUSE DE TARÔ KAWAGUCHI NOTAMMENT, JE VOUS AI TOUJOURS TRAITÉS DIFFÉREMMENT DES AUTRES.

DES PRIVILÉ-GIÉS ? ÇA, ÇA NE VA PAS...

OUI. VOUS L'AVEZ FAIT DANS NOTRE INTÉRÊT.

SI CE QUE VOUS DITES EST VRAI, ALORS, NOUS SOMMES PRIVILÉGIÉS.

C'EST EIJI NIIZUMA.

... AUJOUR-D'HUI, VOTRE RIVAL, CE N'EST PLUS LUI...

EN TOUT CAS, IL A PU M'ARRIVER DE VOUS COMPARER À TARÔ KAWAGUCHI, MAIS...

Les planches terminées !

CETTE FOIS, CE SERA UN DARK HERO HYPERCOOL !

UN DARK HERO ?!

CE SERA UN ZOMBIE !!

GRAAAAH

UN DARK HERO...

NON, PAS ENCORE... ... MAIS, EN UNE JOURNÉE, CE SERA RÉGLÉ.

CRAT CRAT

TU AS DÉJÀ FAIT LES NEMUS ?

COMMENT SERA TON PERSONNAGE PRINCIPAL ?

CE NE SERA PAS ÉVIDENT D'OBTENIR L'ADHÉSION DES FANS...

... À PREMIÈRE VUE, JE DIRAIS QUE ÇA NE M'A PAS L'AIR TRÈS SHÔNEN...

DIFFICILE DE DONNER UN AVIS SANS AVOIR RIEN VU, MAIS...

DOM DOM

CRAT! CRAT!

GAAAAH!!

... MAIS AUSSI SON HISTOIRE D'AMOUR AVEC UNE FILLE HUMAINE.

JE DÉCRIRAI SON COMBAT CONTRE LES HUMAINS QUI DÉTESTENT LES ZOMBIES AU PLUS HAUT POINT...

C'EST L'HISTOIRE D'UN ZOMBIE QUI A GARDÉ SON ÂME D'HUMAIN : IL VEUT SE VENGER DE CEUX QUI L'ONT MIS DANS CET ÉTAT.

EN EFFET ! D'AILLEURS, IL CHERCHE À REDEVENIR HUMAIN...

... ET L'HÉROÏNE L'AIDE DANS SA TÂCHE.

S'IL A GARDÉ SON ÂME D'HUMAIN, CE N'EST PAS UN VRAI ZOMBIE...

ROGER !

TU PEUX TE LANCER ! COMMENCE PAR UNE HISTOIRE COMPLÈTE BIEN FICELÉE !

O.K. D'AC- CORD !

HUM... ÇA FAIT TRÈS COMICS AMÉRI- CAINS...

LE PROBLÈME, C'EST LE DESIGN DES ZOMBIES...

LES ZOMBIES, C'EST UN GENRE TRÈS INTERNA- TIONAL...

O.K., OUI, FACILE À DIRE, MAIS...

FAISONS-LE, NOUS AUSSI, SAIKO !

... AVANT LE DÉPART DU DIRECTEUR...

UN NOUVEAU MANGA D'EIJI...

AH OUAIS ?!

ÉCOUTE, J'AI EU UNE IDÉE À PARTIR DES PERSONNAGES QUE TU AS FAITS, ET ELLE ME PARAÎT BONNE.

ALORS, SI ON FAIT AUSSI BIEN QUE LUI... NON... SI ON FAIT MIEUX QUE LUI, NOUS AUSSI, ON SERA PUBLIÉS TOUT DE SUITE.

OUI ! LUI, QUOI QU'IL FASSE AUJOURD'HUI, IL EST SI POPULAIRE QUE CE SERA FORCÉMENT PUBLIÉ.

OUTCH !

TAC

OUI. APRÈS TOUS LES COMPLIMENTS QUE NOUS A FAITS LE DIRECTEUR...

... ÇA DONNE ENVIE DE LUI MONTRER QUELQUE CHOSE ! LES NÉMUS, AU MOINS, ON PEUT Y ARRIVER !

OUI, CERTES... DÉSOLÉ...

LÀ, JE CROIS QUE TU T'EMBALLES UN PEU, NON ?

KOFF !

KOFF !

SI ON S'Y MET MAINTENANT, ON PEUT AVOIR UN DUEL FRONTAL AVEC EIJI...

COMME TU LE FAISAIS REMARQUER, ON EST MAINTENANT CAPABLES DE GÉRER NOTRE SÉRIE TOUT EN DESSINANT UNE HISTOIRE COMPLÈTE.

OUI...

C'EST VRAI QUE LES ÉDITEURS DE LA RÉDACTION DISENT QUE LE LECTORAT FÉMININ AUSSI EST IMPORTANT AUJOURD'HUI.

IL PLAÎT DÉJÀ À KAYA.

IL EST COOL, ET EN PLUS, JE PENSE QU'IL PLAIRA AUX ENFANTS !

VOILÀ NOTRE PROCHAIN PERSONNAGE PRINCIPAL !

SAIKÔ !

BAM

LE LENDE-MAIN...

DES FORCES DÉMONIA-QUES ?

!

MAINTENANT, J'AI BESOIN DE CE PERSONNAGE EN VERSION "HUMAIN"...

... AVANT SA TRANSFOR-MATION.

IL REÇOIT DES FORCES DÉMONIAQUES.

LÀ, C'EST LORSQU'IL S'EN SERT.

BON ! QUE FAIT CE PERSONNAGE ?

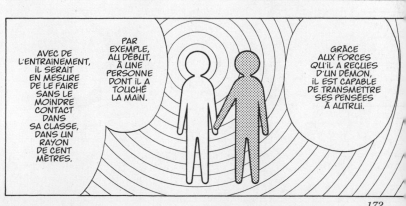

AVEC DE L'ENTRAÎNEMENT, IL SERAIT EN MESURE DE LE FAIRE SANS LE MOINDRE CONTACT DANS SA CLASSE, DANS UN RAYON DE CENT MÈTRES.

PAR EXEMPLE, AU DÉBUT, À UNE PERSONNE DONT IL A TOUCHÉ LA MAIN.

GRÂCE AUX FORCES QU'IL A REÇUES D'UN DÉMON, IL EST CAPABLE DE TRANSMETTRE SES PENSÉES À AUTRUI.

172

ALORS, SI TOUT LE MONDE POUVAIT LUI RESSEMBLER... VOILÀ CE QU'IL PENSE...

... ET C'EST SON IDÉE DU BIEN QUI EST LA BONNE...

IL EST GENTIL...

IL SE DIT QUE, SI BEAUCOUP DE GENS PENSAIENT COMME LUI, LE MONDE DEVIENDRAIT MEILLEUR...

LE PERSONNAGE PRINCIPAL EST PERSUADÉ QUE CE QU'IL PENSE EST JUSTE. C'EST UN LYCÉEN AUSSI BRILLANT QU'IDIOT, FINALEMENT.

LÀ, JE RECONNAIS BIEN TON STYLE D'HISTOIRES.

C'EST VRAI QU'À L'ÉCOLE, AU COLLÈGE OU AU LYCÉE, IL Y A PARFOIS DES TYPES COMME LUI.

JE VOIS... UN DARK HERO...

EN PRATIQUE, CE QU'IL FAIT S'APPELLE DU LAVAGE DE CERVEAU, MAIS POUR LUI, C'EST UN ACTE JUSTE !

DU COUP, ÇA INCITE LES LECTEURS À S'INTERROGER SUR LE BIEN-FONDÉ DES PENSÉES DU HÉROS !

...

NÉANMOINS, ELLE IGNORE CE QUI SE PASSE, ELLE A BIEN DU MAL À DÉCOUVRIR LA VÉRITÉ... ET, LORSQU'ELLE S'EN APPROCHE, ELLE EST À SON TOUR VICTIME D'UN LAVAGE DE CERVEAU, ET LA SITUATION EMPIRE...

BIEN SÛR, LES GENS S'EN RENDENT COMPTE, ET LA POLICE ENQUÊTE.

173

OUI.

BON ! JE RENTRE CHEZ MOI RÉFLÉCHIR À LA SUITE DE L'HISTOIRE.

DE TOUTE FAÇON, CE SERA D'ABORD UNE HISTOIRE COMPLÈTE.

POUR L'INSTANT, RESTONS SUR CES TROIS PERSONNAGES PRINCIPAUX LÀ.

SAT ! SAT !

SAT ! SAT !

TAP TAP どた ど た ど た

TAP ど た

TAP タドゥッ

...

VLAM

OUI, JE SAIS ! ÇA VAUT POUR TOI AUSSI, SAIKÔ !

ET ON NE NÉGLIGE PAS "POP" POUR AUTANT !

...

... POURRA-T-ON GAGNER...?!

FACE AU NOUVEAU MANGA DE BASTON CLASSIQUE D'EIJI...

UN DARK HERO QUI REÇOIT DES FORCES DÉMONIAQUES...

SHÛJIN !

SAIKÔ ? QU'EST-CE QU'IL Y A ? ♪

CLAP

BIP ! BIP !

ESSAIE DE TE LÂCHER SUR UNE HISTOIRE TRÈS GLAUQUE ! C'EST TA SPÉCIALITÉ, NON ?!

QUOI ?!

SI C'EST TROP GLAUQUE, ÇA NE PASSERA PAS... IL FAUT QUE L'HISTOIRE RESTE ADAPTABLE EN DESSIN ANIMÉ.

NE TE PRÉOCCUPE PAS DE ÇA POUR L'INSTANT. M. HATTORI NOUS DIRA CE QU'IL FAUT COUPER LE MOMENT VOULU. FAIS JUSTE DU GLAUQUE AUTANT QUE POSSIBLE !

NE T'EN FAIS PAS ! CETTE HISTOIRE ME PLAIT VACHEMENT COMME ÇA !

JE COMPTE SUR TOI POUR FAIRE UN PERSONNAGE HYPER-GLAUQUE !

... UN TYPE QUI PENSE QU'IL PEUT ÉLIMINER TOUTES LES MAUVAISES PERSONNES QUI LUI DÉPLAISENT !

UN HÉROS COMPLÈTEMENT FOU...

...

D'AC-CORD...

QUOI ?! LÀ, ÇA VA EN FAIRE CLAIREMENT UN MÉCHANT ! IL SERA DARK, MAIS PLUS HERO...

BON !
JE VAIS
LES LIRE.

DES
ZOMBIES...

OUI !
UNE FOIS
QUE J'AI
TROUVE
L'IDÉE,
ÇA VA
TRÈS
VITE !

TU AS
DÉJÀ
TERMINÉ
TES
NEMUS ?

701 NIIZUMA

SARL ENI

GAAAAH.

IL COMPREND
ÇA SANS QUE
J'AIE BESOIN
DE LE LUI DIRE...
BRAVO...

MÊME
SI CE
SONT DES
ZOMBIES,
IL FAUT
QUE LES
LECTEURS
AIENT ENVIE
DE LES
AIMER AU
PREMIER
COUP
D'OEIL !

ENSUITE,
LE DESIGN
DES
PERSON-
NAGES !!

AH...! CE NE
SONT ENCORE
QUE LES NEMUS,
MAIS IL S'EN DÉGAGE
DÉJÀ UNE TELLE
ÉNERGIE DANS
LES SCÈNES
DE BASTON...

LE MÊME
THÈME TRAITÉ
PAR ASHIROGI
DONNERAIT
UNE HISTOIRE
TRÈS COMPLEXE...
C'EST UN PEU
LEUR MARQUE
DE FABRIQUE,
MAIS...

EN FAIT,
IL NE SAIT
FAIRE QUE
ÇA, MAIS
C'EST SA
FORCE...

OUF !
L'HISTOIRE
EST PLUS
SIMPLE QUE
JE NE LE
CROYAIS...
IL SAIT
QU'IL EST
FAIT POUR
CE GENRE
D'HISTOIRES...

FINALEMENT, ON N'AURA JAMAIS GAGNÉ CONTRE "CROW"... MÊME AVEC "TRAP".

"PCP" N'EST TOUJOURS PAS NUMÉRO UN DU MAGAZINE...

"NOTRE MONDE EST RÉGI PAR L'ARGENT ET LE SAVOIR" ÉTAIT UN MANGA DE BASTON CLASSIQUE ET IL A PERDU CONTRE "CROW" DANS LE HORS-SÉRIE "AKAMARU JUMP".

J'AI RÉFLÉCHI...

PARCE QUE CE N'EST PAS ASSEZ SHÔNEN !

J'AI RÉFLÉCHI À ÇA EN RELISANT L'HISTOIRE COMPLÈTE DE NANAMINE, "100 MILLIARDS ET LA JOLIE JEUNE FILLE"... POURQUOI N'EST-IL PAS ENTRÉ DANS LE TOP TROIS ?

IL A ATTEINT LA LIMITE DU MARGINAL...

"SEUL" ? ?

MAIS LE SHÔNEN MARGINAL SEUL A SES LIMITES. EN RESTANT DANS CE GENRE-LÀ, ON AURA TOUJOURS DU MAL À BATTRE EIJI.

OUI. TU ES DOUÉ POUR LE MARGINAL, SHÛJIN... POUR LE GLAUQUE AUSSI... LA PREUVE : CE SCÉNARIO EST TRÈS BIEN.

ON DOIT L'APPROFONDIR SI ON VEUT ARRIVER AU SOMMET...

POURQUOI DIS-TU CELA MAINTENANT ? TU SAIS BIEN QUE LE SHÔNEN MARGINAL, C'EST NOTRE CRÉNEAU...

SI ON RESTE SUR DU MARGINAL, ON NE PEUT PAS LEUR OFFRIR TOUT ÇA.

...

TU ME SUIS ? ON EST DANS UN MAGAZINE SHÔNEN !

LES LECTEURS ATTENDENT DE L'AMITIÉ, DE LA JUSTICE...

... DES BONS SENTIMENTS, DU PLAISIR APRÈS LA LECTURE !

FAIRE NOTRE MUE... SORTIR DU MAR-GINAL...

SI ON FAIT UN BON DARK HERO MARGINAL, ET QU'ON LUI DONNE UNE CAPACITÉ À DÉFENDRE LE BIEN EN COMBATTANT, ON AURA UN VÉRITABLE MANGA DE BASTON CLASSIQUE !

ON DOIT EN ÊTRE CAPABLES ! ON A QUAND MÊME UNE BONNE EXPÉRIENCE DU MANGA...

EUH... SIX... SEPT... HUIT ANS ?

ON S'EST LAISSÉ ENFERMER DANS CE SCHÉMA, MAIS ON EN A ASSEZ FAIT !

EIJI NOUS A DIT QUE LE GLAUQUE NOUS ALLAIT BIEN...

M. HATTORI NOUS A DIT QU'ON ÉTAIT FAITS POUR LE MARGINAL...

TU VIENS DE LE DIRE : IL EST TEMPS DE SORTIR DU MARGINAL...

UN MANGA DE BASTON CLASSIQUE AVEC DEUX HÉROS OÙ LE BIEN EST PRÉSENT...?

Bakuman 17
Toüt pour le tout et histoire entière (fin)

Les planches terminées !

BAKUMAN - VOL. 17
Du découpage à
la planche finie
Épisode 151
- pages 182-183

ASSASSINATION CLASSROOM

LA CLASSE QUI TUE !

DÉJÀ 2 TOMES DISPONIBLES.

Akuma to love song

Toutes les vérités ne sont pas bonnes à dire...

Série finie en 13 tomes

Shojo Kana

www.kana.fr

Ce manga est publié dans son sens
de lecture original, de droite à gauche.

Ici, vous

BAKUMAN.

BAKUMAN. © 2008 by Tsugumi Ohba, Takeshi Obata
All rights reserved.
First published in Japan in 2008 by SHUEISHA Inc., Tokyo
French translation rights in France and French-speaking Belgium, Luxembourg, Switzerland and Canada
arranged by SHUEISHA Inc. through VIZ Media Europe, SARL, France.

© KANA (DARGAUD-LOMBARD s.a.) 2014
7, avenue P-H Spaak - 1060 Bruxelles

Tous droits de traduction, de reproduction et d'adaptation
strictement réservés pour tous pays

Dépôt légal d/2014/0086/007
ISBN 978-2-5050-6006-2

Maquette : Milk Graphic Design
Traduit et adapté en français par Thibaud Desbief
Adaptation graphique : Eric Montésinos

Imprimé en Italie par L.E.G.O. spa - Lavis (Trento)

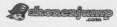